Eva Blimlinger, Angelika Ertl, Ursula Koch-Straube,
Elisabeth Wappelshammer

Lebensgeschichten

Biographiearbeit mit alten Menschen

Eva Blimlinger, Angelika Ertl, Ursula Koch-Straube,
Elisabeth Wappelshammer

Lebensgeschichten

Biographiearbeit mit alten Menschen

Zweite, überarbeitete und erweiterte Auflage

Vincentz Verlag

Die Deutsche Bibliothek – CIP-Einheitsaufnahme

Lebensgeschichten: Biographiearbeit mit alten Menschen/Eva Blimlinger . . .
– Hannover: Vincentz, 1996
ISBN 3-87870-060-1
NE: Blimlinger, Eva

Druck: Th. Schäfer Druckerei GmbH, Hannover
ISBN 3-87870-060-1

Lebensgeschichten

Biographiearbeit mit alten Menschen

Inhaltsverzeichnis:

Vorwort

In diesem Buch habe ich neben wissenschaftlichen Hinweisen und konkreten Hilfestellungen für die Praxis der Altenpflege eine zutiefst menschliche Art des Umgangs mit alten Menschen kennengelernt, die – würde sie in die Praxis umgesetzt – jedem Menschen, ob jung oder alt, neue Hoffnung für den letzten Abschnitt des eigenen Lebens geben könnte.

Besonders beeindruckt hat mich der Respekt für die alten Menschen, der in dieser Arbeit deutlich wird. Die „biographische Beziehung" zu alten Menschen macht diese nicht nur zu mehr oder weniger leicht handhabbaren „Pflegeobjekten"; es werden Menschen erkennbar, die ein langes Leben mit Freuden und Leiden, Hoffnungen und Enttäuschungen hinter sich – und in sich – haben. In der von den Autorinnen angestrebten Beziehung werden „Räume" geschaffen, in denen erlebte Geschichte ohne Zensur mitgeteilt werden kann, so wie sie eben jetzt mitgeteilt werden kann, mit allen bewußten und unbewußten Verfälschungen.

Die beschriebene Haltung der HelferInnen hat Ähnlichkeit mit den Grundprinzipien der Psychoanalyse: Soweit Menschen – auch alte Menschen – sich in einer Beziehung sicher fühlen, können sie versuchen, jeweils auch die „andere Seite" ihrer Lebensgeschichte(n) und damit auch „andere Seiten" ihrer eigenen Person zu erkennen und im Gespräch mit anderen Menschen deutlich zu machen. Viele Beispiele in diesem Buch zeigen, daß es prinzipiell keine „Altersgrenze" für solche Prozesse gibt.

Sicher fühlen sich Menschen, wenn sie respektiert werden, wenn ihre Erzählung gehört und angenommen wird. Das bedeutet nicht, daß man als HelferIn „alles über sich ergehen lassen muß", denn eine Haltung, in der der alte Mensch nur „ertragen" wird, drückt gerade keinen Respekt für ihn aus. Viele Überlegungen dieses Buches könnte man direkt auf die Beziehung zwischen Erwachsenen und Kindern übertragen. Denn Kinder wie alte Menschen brauchen den respektvollen Umgang mit dem, was sie erlebt haben, was sie fühlen und sagen, auch wenn oder gerade weil sie die „Schwachen" in unserer Gesellschaft zu sein scheinen.

Das Gespräch zwischen den Generationen ist aber auch für die „Starken" wichtig. Auch die HelferInnen und die erwachsenen Kinder brauchen für ihr eigenes Selbstverständnis ein realistisches Bild ihrer Eltern. Um sich nicht selbst mißzuverstehen, müssen sie ihre Eltern und die „Alten" unserer Gesellschaft erkennen können, so wie sie waren und sind. Eltern sind weder unschuldig noch allmächtig, auch wenn sie geglaubt haben, sie müßten den Kindern dieses Bild von sich vermitteln. Gerade unsere jüngste Geschichte lehrt uns, wie wichtig es ist, Schuld und Schuldgefühle, Wünsche und Ängste der nächsten Generation offen mitzuteilen, damit diese ihr „Erbe" antreten und auf ihre, vielleicht bessere Weise damit umgehen kann. Das offene Gespräch zwischen den Generationen bietet eine wichtige Chance, den unausweichlichen Wiederholungszwang zu lokkern, nach dem die Jungen – vielleicht in anderer Form – das wiederholen, was die Alten getan haben.

Von solchen Gesprächen können neben den Kindern auch die HelferInnen profitieren. Gelingt es ihnen, locker und abgegrenzt zu bleiben, was in der Helferbeziehung leichter ist als in der Eltern-Kind-Beziehung, und die alten Menschen gleichzeitig anzunehmen und sich mit ihnen auseinanderzusetzen, dann lockern sich auch für sie die alten Zuschreibungen der eigenen Eltern: Ich bin nicht nur der oder die, den/die die Eltern beschrieben haben, sondern ich bin der/die, der/die sich selbst erlebt und der/die auch die Eltern aus dem Bild entlassen kann, das er oder sie sich bisher von ihnen gemacht hat. Ein persönlicher Reifungsprozeß gegenüber der so häufigen Verhärtung bei pflegenden Männern und Frauen wäre die Folge.

Die therapeutische Wirkung solcher Gespräche für die alten Menschen selbst wird in diesem Buch eindrucksvoll beschrieben. Wenn sie gehört – und eventuell auch zweifelnd gefragt – werden, müssen sie ihr langes Leben innerlich nicht wegwerfen und damit sich selbst nicht zerstören. Eine psychodynamische Grundlage der so häufigen Altersdepression wäre damit zumindest gelockert. Allerdings ist für die hier beschriebene „biographische Haltung" in der Altenarbeit die Aufrechterhaltung der eigenen Lebendigkeit bei den HelferInnen von großer Bedeutung. Dazu wären eine sehr gute Ausbildung und begleitende Supervision nötig. Denn es geht nicht um eine Idealisierung der Alten und ihrer Geschichte. In dem hier vorgestellten Dialog zwischen Jungen und Alten würde es gerade vermieden, sich zudecken zu lassen von den „immer gleichen Geschichten" der Alten, oder auch die Alten mit den immer gleichen Fragen zuzudecken, auf die keine wirkliche Antwort erwartet wird. Könnte dieser Dialog in unserer Altenarbeit etabliert werden, würde das eine Revolution in der Altenbetreuung mit sich bringen.

In einer Gesellschaft, die das Schwache und die Schwachen in einem Klima sozialer Kälte auszugrenzen droht, ist dieses Buch besonders wichtig, macht es doch eine Selbstverständlichkeit deutlich, die immer wieder verleugnet wird: Wenn wir nicht vorher sterben, werden wir alle alte und hilfsbedürftige Menschen sein, die Verständnis und wirklichen Kontakt brauchen.

Thea Bauriedl

Einleitung

Ein Buch über biographisches Arbeiten mit älteren Menschen
birgt beides in sich: Chancen auf einen ganzheitlichen, lebendigen Zugang zu älteren Menschen und die Gefahr oberflächlicher
Beschäftigung nach dem Motto: Lassen wir doch die alten
Menschen Geschichten aus ihrem Leben erzählen, dann lassen
sich leere Zeiten und Sprachlosigkeit füllen, und auch mit den
Eigenarten der Menschen kommen wir besser zu Rande.
Im Bedarf an leicht handhabbaren Methoden zur Arbeitserleichterung liegen zwar nachvollziehbare Motive biographischen Arbeitens. Sie berühren jedoch nur die Oberfläche und
bedienen sich der Lebensgeschichten allzu rasch als austauschbare Bausteine der vielfältigen Beschäftigungsangebote. Ein
paar Fragen nach der Lebensgeschichte – zwischen Basteln und
Gedächnistraining – ermöglichen jedoch weniger als sie vorgeben. Sie legen alte Menschen schnell auf einzelne Ereignisse und
deren Interpretation fest, indem sie die Mühe der Erinnerung
nicht ernstnehmen und die Wandelbarkeit der Erzählperspektiven nicht schätzen.

Solchen Mißverständnissen lebensgeschichtlicher Arbeit wollen wir mit dieser Veröffentlichung begegnen. Wir: vier Frauen,
die vielfältige und unterschiedliche Erfahrungen in der Arbeit
mit alten Menschen – von der Bildungsarbeit bis zur Pflege – und
in der Qualifizierung von Mitarbeitern haben. Auch vertreten
wir unterschiedliche wissenschaftliche Disziplinen: zwei Historikerinnen, eine Soziologin, eine Pädagogin. Unterschiedlich
sind auch unsere Lebensalter, unsere Lebensorte, unsere Lebensentwürfe und natürlich auch unsere Lebensgeschichten, unsere
Erfahrungen, die persönlichen und die beruflichen.

Gemeinsam ist unser Interesse an Geschichte(n) des Alltags,
an Lebenserfahrungen, an unseren eigenen und denen anderer
Menschen.

So haben wir uns mit großem Elan zusammengesetzt – in
Wien, in Darmstadt, in Freiburg – und unsere Neugier zum
Ausgangspunkt unserer gemeinsamen Arbeit genommen.

1

Intensiv haben wir uns befragt, warum und wozu wir selbst die Auseinandersetzung mit (unseren) Lebenserfahrungen und Geschichte lebensnotwendig brauchen. Erst in einem zweiten Schritt übertrugen wir diese Einsichten auf die Arbeit mit älteren Menschen. So ist dieses Buch entstanden, und diesen Weg möchten wir auch die Leser beschreiten lassen.

Das Leben vollzieht sich im Hier und Jetzt, und täglich sind uns darin Anforderungen gestellt, die immer wieder neu und überraschend sind – „niemand steigt zweimal in denselben Fluß".

Doch im Gegenwärtigen ist das Vergangene enthalten, und das Gegenwärtige strahlt gleichzeitig in die Zukunft aus. Wir, also auch die alten Menschen, sind „imprägniert" von der großen und kleinen Geschichte (Historie) und unseren Lebenserfahrungen. Wir können unsere Gegenwart nur verstehen und bewältigen, wenn wir uns mit unserer Geschichte, einschließlich der unserer Vorfahren, beschäftigen. Und auch nur so können wir unsere Zukunft vorausahnen und zu planen versuchen.

Unsere Neugier auf die Geschichte(n) der Alten beruht in unserem Verständnis nicht auf dem Wunsch nach einer möglichst vollständigen Daten- und Ereignissammlung, sondern konzentriert sich auf subjektiv geprägte Lebenswirklichkeiten und die Suche nach der je eigenen Persönlichkeit und Identität. Woher komme ich? Wer bin ich? Wo will ich hin? Und auf welche Weise ist mein Lebenslauf in das zeitliche und räumliche Umfeld eingebettet?

In der Altenarbeit/Altenpflege, in der (professionellen) Begegnung mit alten Menschen, springt der „Verlust von Geschichte" häufig ins Auge. In Einrichtungen der sogenannten geschlossenen Altenhilfe, aber nicht nur dort, werden Menschen dazu gedrängt – meist nicht in bewußter Absicht –, ihr Leben hinter sich zu lassen, und das unter Umständen viele Jahre vor ihrem Tod. Die Belastungen des Alltags und überholte Orientierungen an der Krankenpflege zwingen die Mitarbeiter, sich auf den Augenblick, die gegenwärtigen Erscheinungsbilder zu konzentrieren, auf die im Vordergrund stehenden Krankheiten, Behinderungen und Schwächen der alten Menschen, so daß hinter den grauen Köpfen nur selten deren Lebensgeschichte(n)

2

aufscheint. Es ist erstaunlich, wie wenig Pflegekräfte von der Biographie der alten Menschen wissen, selbst wenn sie diese über viele Jahre versorgt haben. Die Pflege, die Betreuung im Hier und Jetzt, wird weitgehend von ihrer Vergangenheits- und Zukunftsdimension abgetrennt. Die alten Menschen, die zum Beispiel beim Einzug ins Pflegeheim ihr Hab und Gut auf ein Minimum reduzieren müssen, verlieren damit nicht nur materielle Werte, sondern auch Symbole ihres Lebens, vertraute Orientierungen und nach außen wirkende Repräsentanzen ihrer Biographie und ihrer Persönlichkeit.

Die Erinnerungen sind lebendig, bleiben jedoch weitgehend im Verborgenen, sind nicht mehr oder nur noch sehr verkürzt kommunizierbar, weil die „Brücken" zu ihrer Veröffentlichung fehlen (die Gegenstände, an die sich Gespräche knüpfen, das Interesse aneinander in einer zugewandten Beziehung).

Die alten Menschen bleiben mit ihren Lebenserfahrungen vielfach allein – mit den guten, schweren, glücklichen und schmerzhaften. Und die Mitarbeiter stehen vor ihnen und ihren Eigenarten wie vor „Büchern mit sieben Siegeln".

Einer Bereicherung der Beziehung zwischen alten Menschen und den Mitarbeitern soll dieses Buch dienen und einer Entlastung für die alltägliche Arbeit.

Denn wenn wir uns um ein vertieftes Verständnis der Situation der alten Menschen bemühen und dabei ihre Biographie, ihre Lebenserfahrungen und ihre Zukunftserwartungen einbeziehen, entdecken wir neue Möglichkeiten der Begegnung und der Alltagsgestaltung. Wir lernen aber auch die Grenzen unseres Bemühens und die der alten Menschen wahrzunehmen und zu akzeptieren.

„Wer eine Geschichte zu erzählen hat, ist ebensowenig einsam wie der, der einer Geschichte zuhört. Und solange es noch irgend jemand gibt, der Geschichten hören will, hat es Sinn so zu leben, daß man eine zu erzählen hat." (Sten Nadolny, Selim oder die Gabe der Rede)

I. Biographie und Geschichte

1. Die gute alte Zeit – Mythen über das Alter

Die Gedanken zur Frage, welche Bedeutung Geschichte für die Gegenwart haben kann, wollen wir mit einem historischen Rückblick beginnen. In der Arbeit mit alten Menschen werden immer wieder vor allem zwei Mythen wirksam, die es lohnt, genauer unter die Lupe zu nehmen: Das „goldene Zeitalter" des Alters und die „Großfamilie". Der folgende sozialgeschichtliche Abriß gilt ihrer Kritik.

Die Gerontologie befaßt sich u.a. mit der Bewertung des Alters, doch trug sie auf ihren Ausflügen in die Geschichte meist nur Bruchstücke zusammen. Jedenfalls wurden die Bilder vom „goldenen Zeitalter" der Alten so in Wirklichkeit nie oder nur unter ganz bestimmten Voraussetzungen sehr kurzfristig gelebt. Eine mittlerweile klassische Stellungnahme dazu gab *Ernest W. Burgess* auf dem 5. Weltkongreß der „International Association for Gerontology" 1962 ab:

„In allen historischen Gesellschaften vor der industriellen Revolution, fast ohne Ausnahme, erfreuten sich die alternden Menschen einer vorteilhaften Position. Ihre ökonomische Stellung und ihr sozialer Status wurden durch ihre Rolle und ihren Platz in der Großfamilie garantiert. Die Großfamilie war mitunter eine wirtschaftliche Produktionseinheit, häufig eine Einheit der Haushaltsführung, und immer eine dichte Einheit sozialer Beziehungen und reziproker Dienste zwischen den Generationen. Aber das Vorrecht über Eigentum, Macht und Entscheidung stand den Älteren zu. Dieses goldene Zeitalter des Lebens der älteren Personen wurde gestört und untergraben durch die industrielle Revolution. In allen Ländern der westlichen Kultur wurde dieser ältere patriarchalische Typus von Familienstrukturen und Verwandtschaftsbeziehungen durch Industrialisierung und Urbanisierung grundlegend verändert." (Josef Ehmer, Sozialgeschichte des Alters, Frankfurt 1990, S. 14)

4

Mittlerweile wurde eine genauere Geschichte des Alters geschrieben. Ganz allgemein gilt: Zwischen gesellschaftlichen Idealen, realen sozialen Positionen, subjektiven Erfahrungen und Empfindungen gibt es keine Übereinstimmung. Dem Ideal nach ist die Geschichte unserer Vorfahren voll von Bildern einer Herrschaft der Alten. Die tatsächliche wirtschaftliche und politische Macht aber hatten in der Regel Menschen aus den mittleren Jahrgängen. Daher sahen die Menschen ihrem Alter eher pessimistisch und angsterfüllt entgegen. Von heute aus betrachtet haben sich die Verhältnisse für alte Menschen eher zum Positiven gewendet. Selbst wenn es noch viel zu verbessern gibt, so besteht kein Grund zu einem Lamento, schon gar nicht mit Verweisen auf das „goldene Zeitalter" grauer Vorzeiten.

Was die Beurteilung alter Menschen in der Geschichte betrifft, so tauchen stets zwei Stereotypen gleichzeitig auf:

▶ Alte Menschen als Verkörperung von Weisheit und Erfahrung, der mit Ehrfurcht und Unterordnung zu begegnen ist. Dieses Bild wurde z.b. von dem römischen Philosophen Cicero propagiert.

▶ Alte Menschen als Verkörperung von Gebrechlichkeit, Armut, Unzurechnungsfähigkeit und Hilflosigkeit, die dem Spott der jüngeren ausgesetzt sind. Diese Variante begegnete den Römern z.b. in den Komödien des Dichters Plautus.

So wie in der Antike tauchen diese gegensätzlichen Bilder auch später immer gleichzeitig auf. Allerdings dominiert jeweils eines davon. Wurde z.b. im 16. und 17. Jahrhundert in Kunst und Literatur über alte Menschen unverhohlen gespottet als kindische Jammergestalten und verachtete Randfiguren, so versuchte die pädagogische Literatur der Aufklärung im 18. Jahrhundert, das Wissen der Greise in den Vordergrund zu stellen.

Im Sinne der Aufklärung des 18. Jahrhunderts schrieb *Joachim Heinrich Campe: „Nun, Kinder, müßt ihr mir, als einem alten Manne, der viel Erfahrung hat, auf mein Wort glauben". (Joachim Heinrich Campe, Sittenbüchlein für Kinder aus gesitteten Ständen, Dessau 1777, Seite 28)*

Mit der Moral beginnt die Höflichkeit gegenüber alten Menschen – in Deutschland mehr, im westlichen Ausland weniger. Erziehung verbietet, die Vorteile der Jugend offen zu demonstrieren. Überhaupt beginnt es nunmehr zum guten Ton zu gehören, im Umgang miteinander die Gefühle des anderen zu schonen.

In der Höflichkeit jedoch steckt auch die Gleichgültigkeit, und Schonung und Entlastung bedeuten nicht unbedingt Sympathie, Aufmerksamkeit und Neugier, sondern auch Ausgrenzung. Die bürgerliche Tugend, daß man dem anderen möglichst wenig zumutet, galt nicht nur für alte Menschen. Auch Frauen und Kinder des Bürgertums erfuhren eine ähnliche Sonderstellung. Hier wird deutlich, wie sehr das Altersbild mit dem Bild der Familie und der Erziehung der Kinder und Jugendlichen verbunden ist.

Vor dem Hintergrund der wirtschaftlichen und sozialen Veränderung des 19. Jahrhunderts betrachtet die Kunst den alten Menschen als einen fixen Bestandteil familiärer Idylle: Am Spinnrad, mit dem Strickzeug, die liebende Großmutter, vor Zufriedenheit strahlend und Kinder hütend, der Großvater. Die Bilder des Biedermeier beschwören geradezu intaktes Familienleben als Bollwerk gegen rasante wirtschaftliche, politische und soziale Veränderungen. Aus dieser romantischen Haltung entsteht auch die Ballade Gustav Schwabs ‚Das Gewitter': „Urahne, Großmutter, Mutter und Kind im stillen Stübchen beisammen sind".

Doch die Normen schöngeistiger Literatur, darstellender Kunst der Anstandsbücher, pädagogischer Schriften und Predigten seit dem 18. Jahrhundert entsprachen im allgemeinen nicht der Realität.

So mußte Johann Friedrich Mayer, Reformer der württembergischen Landwirtschaft, an der Wende zum 19. Jahrhundert in einem Bericht über das Verhältnis zwischen den Generationen auf dem Land feststellen: „So wie sich diese gramvolle Eltern nur im mindesten wider die ausgelassensten Grobheiten ihrer Kinder hie und da bis zum geringsten Theil herausliessen; so nahm das Schmähen, so nahmen auch alle Gattungen, der gröbsten Ungezogenheiten zu: nicht nur, daß sie wochen- und monatweise kein Wort mit ihnen sprachen, sich auch bey Altersschwachheiten und Krankheiten nicht mehr nach ihnen umsahen, ihnen alle kindliche Schuldigkeiten entzogen, sondern ihnen noch überdieß alles Böses und den frühesten Tod überall laut *anwünschten, ja alles dazu beitrugen; man hörte, daß sie, wie sie den Mund wider sie aufthaten, auch die Hand gegen sie aufhuben; wie sie lieber dem Hund ein Stück Fleisch gaben, als ihren Eltern ein hartes Brot vorwarfen; wer in die Geheimnisse, die sich zwischen Eltern und Kindern eräignen, hineinsiehet, der muß sich entsetzen, schwindeln und zurückfallen; denn es sind Geheimnisse schwärzester Bosheit, welche die Kinder begehen und die Eltern verschweigen, selten bekannt, weniger gerügt werden, und so im Finstern, wie die Pest hinschleichen"*. *(Peter Borscheid, Geschichte des Alters 16.–18. Jahrhundert, Münster 1987, S.* 198)

Johann Friedrich Mayer reiste mit dem Blick eines aufgeklärten Bürgers herum und beurteilte das Erlebte nach den Maßstäben einer elitären Kultur, die auf ausgeprägten Schichtunterschieden fußte. Seine Entrüstung ging an den realen Lebens- und Machtverhältnissen vorbei. Das Ansehen alter Menschen war in Wirklichkeit geknüpft an die Frage, zu welcher gesellschaftlichen Schicht sie gehörten, wieviel Geld sie hatten, welcher Religion sie angehörten und auch, ob sie Mann oder Frau waren. Alle anderen Vorstellungen hatten eher eine sozialutopische Qualität, die nur langsam verinnerlicht werden konnte.

So ist es nicht verwunderlich, wenn in Erinnerungen an die ersten Jahrzehnte dieses Jahrhunderts, aber auch noch an die 40er und 50er Jahre, Armut und Elend alter Menschen vorkommen:

„Aber es gab auch viele arme Erwachsene. Alte Bauernknechte oder Mägde, meistens waren es Männer. Es wurde nicht eingezahlt, und so bekamen diese Leute auch keine Rente. Die Gemeinde mußte dafür sorgen. Sie kamen in die Einlage, so nannte man das; jeder Bauer mußte diese Männer und Frauen einige Tage lang in Kost und Quartier nehmen. Je nach Größe des Hofes, so ging es den ganzen Monat. Dann ging es wieder von vorne an. Die Männer haben auch gearbeitet, wenn sie Lust hatten. Im Winter Besen binden, Holzschuhe machen, Körbe ausbessern. Die Frauen haben Handarbeit gemacht oder Wolle gesponnen, was halt so angefallen ist. Aber Geld hatten sie keines. Schaden hatten die Bauern keinen durch diese Menschen, die meisten arbeiteten solange sie konnten. Aber so mancher mußte doch richtig arm und verlassen dahinsiechen bis zu seinem Tod." *(Aus den*

Aufzeichnungen von Hedwig Duscher, geb. 1924 in Oberösterreich, in: Dokumentation lebensgeschichtlicher Aufzeichnungen am Institut für Wirtschafts- und Sozialgeschichte an der Universität Wien, Hedwig Duscher, S. 12)

Im Bemühen um den Fluchtpunkt einer heilen Welt in der Vergangenheit hilft es daher auch nicht, aufs Land zu schielen. Auch dort gab es soziale Ungleichheit und Konflikte zwischen den Generationen.

Die „Großfamilie" – Traum und Wirklichkeit

Immer noch fließt in den alltäglichen Sprachgebrauch der Begriff der „Großfamilie" ein – meist verbunden mit einem resignativen Ton in der Stimme: „Ja, als es die Großfamilie noch gab ..." Aus der Perspektive der Arbeit mit alten Menschen legt diese rückwärtsgewandte Sehnsucht eine Kritik am eigenen Berufsbild nahe: Uns bräuchte es gar nicht zu geben, wenn die Großfamilie noch wäre. So spaltet sich die eigene berufliche Identität in der Altenhilfe leicht auf in das Bewußtsein hoher professioneller Qualität und in das fatale Gefühl, eine Arbeit zu leisten, für die im Grunde jemand anderer, nämlich die Familie, zuständig ist. Daher lohnt es sich also, genauer nachzufragen: Was ist eine „Großfamilie", wer lebte wann und wo in größeren Familienverbänden, welche Formen des Allein- oder Zusammenlebens gab es sonst noch in früheren Jahrhunderten oder Jahrzehnten?

Als Inbegriff der Großfamilie schwebt den meisten Menschen das Zusammenleben von drei Generationen unter einem Dach vor. Die europäischen Familienverhältnisse waren jedoch vielgestaltiger: Natürlich gab es die Form der Drei-Generationenfamilie, aber die Menschen lebten auch in Kleinfamilien, Geschwisterverbänden, als nichtverwandte Dienstboten auf Bauernhöfen und nicht zuletzt als „Singles".

Geographisch bewegte sich das Spektrum der Sozialformen der Familie zwischen den Gegenpolen von England und Ost- und Südosteuropa. In England gab es schon in der frühen Neuzeit, das heißt im 16. Jahrhundert, Familienformen, die sehr modern anmuten. Junge Paare verließen nach der Heirat ihre Herkunftsfamilien und gründeten einen neuen Haushalt. Anders als in Deutschland oder Österreich erlaubte der Boden- und Arbeitsmarkt, die entwickelte Geldwirtschaft und Warenproduktion den Jungen, sich von den Alten unabhängig zu machen. Alleinlebende Ehepaare und Haushalte von Einzelpersonen waren jedenfalls schon im 17. und 18. Jahrhundert weitverbreitet. Ähnlich den heutigen Verhältnissen konnten demnach die Eltern eine eigene Phase des Alters erleben, nachdem die Kinder den gemeinsamen Haushalt verlassen hatten. Wie in ganz West- und Mitteleuropa wurde auch in England spät, das heißt im Alter zwischen 25 und 30 Jahren geheiratet. Frauen heirateten etwas früher, Männer etwas später. Das bedeutete, daß gerade ein Haushalt aufgebaut wurde und kleine Kinder zu versorgen waren, wenn die Eltern alt und hilfsbedürftig wurden, falls sie noch lebten. Aus diesen Gründen gewann schon bald die außerfamiliale Altersversorgung an Bedeutung – seitens der Zünfte, der Grundherrschaften, der Gemeinden.

Ein Beispiel für ein frühes „Singleleben" ist Alice George, eine Arbeiterin aus Oxford. Der Philosoph *John Locke* berichtete in seinem Tagebuch von einem Besuch bei ihr am 1. März 1681: *„Sie gab ihr Alter mit 108 Jahren an (was möglicherweise nicht stimmte) und erzählte von ihren 15 Kindern, von denen drei noch lebten. Ihr Essen bestand hauptsächlich aus Brot, Käse und Bier. Sie hörte gut, klagte aber über Sehschwäche. Zwar konnte sie mit Hilfe eines Stockes gehen, war aber zu gebrechlich für längere Ausgänge und hatte auch den Gang zur Kirche eingestellt. Dennoch lebte sie lieber allein und hielt sich gerne in ihrem kleinen Garten auf. Wenn sie auch Kontakt zum ältesten Sohn hatte, der in der unmittelbaren Nachbarschaft wohnte, so führte sie doch ihren eigenen Haushalt. Sie war Vertreterin der Unterschicht, also der Häusler, Arbeiter und Dienstleute, die in England etwa zwei Drittel der Bevölkerung ausmachte. Wie viele alte Menschen wurde sie daher wahrscheinlich durch regelmäßige Zahlungen der Armenkasse der Gemeinde Oxford versorgt."* (Josef Ehmer, *Sozialgeschichte des Alters, Frankfurt 1990, S. 19–23*)

Den geographischen Gegenpol zu den Gepflogenheiten in England bildete Ost- und Südosteuropa. Die Menschen heirateten vergleichsweise früh, das heißt mit 18 oder 19 Jahren. Junge Paare lebten meist im Elternhaus des Mannes und gründeten nur in Ausnahmefällen einen eigenen Haushalt. Dadurch entstanden große, komplexe Haushalte mit mehreren verheirateten Paaren und ihren Kindern und eventuell noch weiteren Verwandten. Männer blieben so meist ihr ganzes Leben in demselben Haushalt eingebunden. Frauen dagegen wechselten mit der Heirat ihren Wohnsitz, auch bei einer Wiederverheiratung als ältere Witwen.

Alte Menschen blieben Teil dieser Familienverbände und hatten auch oft genug deren Führung in Händen: als Vater oder Mutter einer Gruppe von Söhnen mit deren Frauen und Kindern. Unter diesen Bedingungen erhielten die meisten Menschen nie die Rolle eines Haushaltsvorstandes, da sie hierfür alle ihre Vorgänger überleben mußten. Ob ein Haushaltsvorstand noch arbeitstüchtig war, hatte wenig Bedeutung. Die Familie garantierte durch ihre Zusammensetzung genügend Arbeitskräfte. Das heißt jedoch nicht, daß diese Familienform sicherstellte, daß man über Jahre hinweg mit denselben Personen zusammenlebte. Die Positionen blieben zwar dieselben, aber die Menschen, die sie ausfüllten, starben häufig an Infektionskrankheiten, Unfällen, Seuchen, im Kindbett etc. Daher ist auch hier das Bild eines längerfristigen Zusammenlebens über Jahre oder Jahrzehnte hinweg unangebracht.

Diese Darstellung zweier typischer zeitlich paralleler Lebensformen steckt den Rahmen für die Formen des Zusammenlebens in West- und Mitteleuropa ab. Bleibt noch der Mythos der Drei-Generationenfamilie: Sie war zwar für die vorindustrielle Zeit nicht so untypisch wie heute, keineswegs aber der Inbegriff des Zusammenlebens. In West- und Mitteleuropa bewegte sich ihr Anteil zwischen 2 und 14 Prozent. (Michael Mitterauer/ Reinhard Sieder, Vom Patriarchat zur Partnerschaft. Zum Strukturwandel der Familie, München 1977, S. 45) Ein wesentlicher Grund dafür, daß Großeltern, Kinder und Enkelkinder selten unter einem Dach lebten, lag, wie bereits erwähnt, in der wirtschaftlichen Möglichkeit für Alte und Junge, jeder für sich einen eigenen Haushalt zu führen. Besonders im Handwerk war es üblich, bis ins hohe Alter zu arbeiten. Hier zerstörte nicht die

Industrialisierung die „Großfamilie", sondern es war vielmehr umgekehrt: die neuen Produktionsweisen machten es den alten Handwerkern unmöglich, ein Auskommen zu finden und zwangen sie in die Versorgung durch die eigene Familie bzw. die Armenkassen. Ein weiterer Grund im geringen Anteil der Drei-Generationenfamilie lag in der geringen Lebenserwartung. Verheiratete Erwachsene starben im 16. und 17. Jahrhundert etwa zwischen 55 und 60 Jahren. Der Sohn, der im bäuerlichen Milieu den Hof übernahm, heiratete mit 28 oder gar 30 Jahren, viele Säuglinge starben gleich bei der Geburt oder in den ersten Wochen und Monaten. Für die Großeltern war es daher eher unwahrscheinlich, ihre Enkel zu erleben, geschweige denn länger unter einem Dach mit ihnen zu leben. Viel wahrscheinlicher war, daß bei der Geburt des Enkelkindes ein Großelternteil schon gestorben und durch eine weitere Heirat ersetzt worden war.

Durch geringere Lebenserwartung und späte Heirat dominierte daher auch auf dem Land die Kleinfamilie, im bäuerlichen Milieu ergänzt durch nichtverwandte Dienstboten. Der Traum von der „Großfamilie" als beschützende und versorgende oder auch gemütliche Institution hält der historischen Wirklichkeit jedenfalls keineswegs stand.

Der Mythos der Großfamilie bewahrheitet sich ebensowenig in den Erfahrungen heutiger alter Menschen. In Erinnerungen an ihre Kindheit werden die verschiedensten Lebensformen lebendig: als Bauernkind, das in die Arbeitsgemeinschaft des Hofs hineinwächst, als Kind der ländlichen Unterschicht, das schon früh in einem fremden Haus leben muß, als Kind des städtischen Arbeitermilieus, das meist auf sich allein gestellt ist und oft auch für die Familie sorgen muß, als behütetes Kind aus bürgerlicher Familie, das keinen Schritt ohne Kindermädchen gehen darf.

„Wir waren zu Hause acht Geschwister. Die übrigen Geschwister mußten natürlich sehr früh, das heißt schon während der Schulzeit in fremden Diensten arbeiten. So war mein Bruder bei einem Großbauern. Der hielt ihn mit dem Essen so knapp, daß er weinend nach Hause kam. Er hatte so einen Hunger, und

wenn er nichts zu essen bekäme, würde er immer klein bleiben. Das war seine große Sorge. Eine Schwester war auch bei einem Bauern. Sie hatte dann zeitlebens durch die Unterernährung in ihrer Jugend zu leiden. Ich bin mit elf Jahren zu einer Frau gekommen. Sie hatte eine Kleinstlandwirtschaft mit drei Kühen und vier Schweinen. Da sie selber schon 78 Jahre war und der Sohn geistig beschränkt war, war ich ihre große Stütze. Aber sie war sehr gut zu mir. Ich konnte essen, soviel ich wollte. Dafür habe ich vor dem Schulgehen die drei Kühe gemolken, die Schweine gefüttert, die Stube, die Küche und das Vorhaus ausgekehrt. Dann bin ich in die Schule, Schulweg eine halbe Stunde. Wenn ich nach Hause kam, war zum Abwaschen und im Sommer auf dem Feld und Garten zu arbeiten. Am Abend waren dann wieder die Kühe zu melken und die Schweine zu füttern. Da sie mich sehr lieb hatte, hab ich es mit Freude gemacht. Sie war wirklich wie eine liebe Großmutter zu mir. Ich habe auch mit dem Sohn Holz gesägt. Ein Sturm hatte einen Baum über den Hohlweg geworfen. Da wir ihn von oben nicht durchsägen konnten, mußten wir es von unten machen, mit einer Zugsäge. Das ist eine lange Säge mit je einem Holzgriff an den Enden. Es war sehr schwierig, da ich ja nicht sehr groß war und auch jetzt 1,56 messe. Aber wir haben's geschafft und ich war sehr stolz. Natürlich wurde ich sehr gelobt, was meinen Eifer noch anstachelte. Ich glaube aber nicht, daß dies zweckgebunden war. Wir waren einfach eine Familie, die zusammenhielt." (Adelheid Birkner, geb. 1913 in der Steiermark. Aus: Dokumentation lebensgeschichtlicher Aufzeichnungen am Institut für Wirtschafts- und Sozialgeschichte der Universität Wien.)

2. „Große und kleine" Geschichte

Was habe ich denn schon zu erzählen? Das ist oft die spontane Antwort auf die Frage nach der Lebensgeschichte eines alten Menschen. „Geschichte" – dazu gibt es stereotype Bilder: Historiker haben viele Jahreszahlen im Kopf und wissen alles über Kaiser, Könige, ihre Kriege und Grenzziehungen. Die einen kramen in Archiven in alten staubigen Akten, die anderen traktieren ihre Schüler mit der aus Staub geborenen Langeweile. Vielleicht erzählen sie auch Anekdoten oder tragen Merksätze vor. Im Vordergrund steht in jedem Fall das einzelne, herausragende Ereignis oder die einzelne, herausragende Person. Auf der Bühne der Geschichtsschreibung in der Tradition des 19. Jahrhunderts versammeln sich Herrscher sowie berühmt gewordene Persönlichkeiten aus Wissenschaft und Kunst. Heute finden wir sie auf Banknoten, Briefmarken, Münzen oder in Filmen. Dieser Blick auf die Geschichte entspricht nur zum Teil der Wirklichkeit, denn mittlerweile gibt es vielgestaltigere Formen, Geschichte zu erarbeiten, zu schreiben und zu verstehen. Die Geschichtsschreibung hat viele Verzweigungen erhalten mit Geographie-, Wirtschafts-, Sozial-, Alltags-, Mentalitätsgeschichte etc.

Neue Ideen dazu, wie man die Vergangenheit der Menschen anders und neu erforschen und beschreiben könnte, kamen vor allem aus Frankreich. Seit Beginn des 20. Jahrhunderts machten sich dort Historiker auf die Suche nach einer anderen Geschichte mit anderen Inhalten und Methoden. Sie kritisierten die Kollegen aus der Tradition des 19. Jahrhunderts, denen das Sammeln von Daten und Fakten der nationalen Politikgeschichte genügte: „Eine Sammlung von Fakten hat nicht mehr wissenschaftlichen Wert als eine Briefmarken- oder Muschelsammlung".

Bis heute haftet der Bezeichnung „wissenschaftlich" der Geruch von lebensferner Bedeutungslosigkeit an. Man kann es aber auch anders sehen und von guter Wissenschaft erwarten, daß sie nicht nur vorgibt, alles zu erfassen, was für die Menschen Bedeutung hat: *Die Geschichte hat nicht ihren Kontakt mit dem Leben verloren, weil sie zu wissenschaftlich ist, sondern im Gegenteil, weil sie es zu wenig ist". (Henri Berr, in: Georg G. Iggers, Neue Geschichtswissenschaft. Vom Historismus zur Historischen Sozialwissenschaft, dt. Wiss. Reihe 1978, S. 64)*

Unabhängig von der traditionellen Politikgeschichte ging es für die Vertreter der „histoire globale" oder „histoire totale" wie Lucien Febvre, Marc Bloch oder Fernand Braudel um ein umfassendes Verständnis von der Welt und den Menschen. Nicht mehr kurzfristige, staatspolitische Ereignisse waren von

Interesse, sondern diejenigen „von langer Dauer", also vor allem geographische, wirtschaftliche und soziale Prozesse. Wie der einzelne Mensch handelte, wurde nicht mehr unabhängig von allen anderen Lebensbedingungen gesehen:

„Der Psychohistoriker muß die Gesamtheit der Existenzbedingungen einer Epoche in Beziehung setzen zu dem Sinn, den die Menschen derselben Epoche mit ihren Ideen verbinden. Denn diese Bedingungen überziehen die Ideen wie alles andere mit der eindeutigen Farbe einer Epoche und Gesellschaft, sie legen ihre Krallen auf die Ideen wie auf die Institutionen und deren Funktionsweise." (Lucien Febvre, in: Ulrich Raulff, Träge Ströme der Geschichte. Die „Annales" E.S.C.C.: eine andere Art der Historiographie, in: Freibeuter 17, 1983, S. 38)

Um 1930 wurde die historische Zeitschrift „Annales" gegründet, die der neuen Art der Geschichtsschreibung in Frankreich schließlich ihren Namen gegeben hat. Die neue „Schule" verwendete nicht mehr nur schriftliche Quellen, um auch die Geschichte schriftloser Kulturen zu erforschen. Ein altes Ziel der Wissenschaft war aber die objektive Wahrheit anhand schriftlicher Überreste menschlichen Handelns. Die Vertreter der neuen Ansätze erhielten daher den Vorwurf, das alte Ziel der Objektivität aufzugeben und unwissenschaftlich, das heißt subjektiv zu interpretieren, wie sich Geschichte ereignet hat. Die Antwort darauf ist nach wie vor aktuell:

„Jede Geschichte ist zwangsläufig subjektiv, jeder Diskurs über die Vergangenheit ist das Werk eines Menschen, der in der Gegenwart lebt und der die Spuren der Vergangenheit im Sinne der Gegenwart interpretiert". (Georges Duby, in: Ulrich Raulff, Träge Ströme der Geschichte, in Freibeuter 17, 1983, S. 41)

Selbst der Wunsch, Geschichte zu erforschen, hat subjektive Gründe. Ende der 80er Jahre erschien ein Buch mit den Biographien französischer Historiker: In „Leben mit der Geschichte" erzählen sie von den Motiven aus der eigenen Lebensgeschichte, sich mit Geschichte zu befassen. *„Ich bin Historiker, weil ich der Sohn einer Toten bin und weil mich seit meiner Kindheit das Rätsel der Zeit umtreibt"*, beginnt Pierre Chaunu seinen Beitrag. Sie schreiben von ihren Familien, ihrer schulischen und religiösen Erziehung, von Krieg und Widerstand, von ihrem persönlichen Verhältnis zur Geschichte und der Frage der Objektivität. *(Pierre Chanu, der Sohn einer Toten, in: Leben mit der Geschichte. Vier Selbstbeschreibungen, S. Fischer, Frankfurt/Main 1989, S. 11)*

Im deutschen Sprachraum tauchte diese neue Geschichte erst in den 60er Jahren auf. Nationalsozialistische Ideologie mit sozialwissenschaftlichen Denkverboten, antiintellektueller Politik und der Vertreibung und Ermordung vieler Wissenschaftler zeigen auch hier eine nachhaltige Wirkung. Viel später als in Frankreich, England und Italien tauschten die „historischen Sozialwissenschaftler" die prominent besetzte Bühne aus der historistischen Tradition des 19. Jahrhunderts mit statistischen Übersichten zu Konjunkturen von Waren und Geld und der Entwicklung von Bevölkerungszahlen, Einkommensverhältnissen etc. Nicht mehr der einzelne öffentlich wirksame Mensch und die einzelne Nation traten vor den Vorhang, sondern die Masse der Menschen und die allgemeinen Zusammenhänge internationaler Wirtschaft und Politik. Nun war in den Geschichtsbüchern zwar von der „Masse der Armen" oder den „Arbeitermassen" die Rede, aber auf dem Weg zur Geschichte der „kleinen Leute" ist das nur ein halber Schritt. Die Vergangenheit in ihrer alltäglichen Dimension und die mündlichen Quellen blieben dabei weitgehend ausgespart, die einzelnen Lebensgeschichten gingen in der „anonymen Masse" unter.

Zum Glauben an die „objektive" Wissenschaft gehört das Ziel, herauszufinden, wie es wirklich gewesen ist. Mittlerweile ist jedoch klar geworden, daß das unmöglich ist. Die herausgefundene „Wahrheit" hängt immer ab von den aktuellen Fragestellungen an die Geschichte. Ob nun eine staatspolitische Entscheidung gerechtfertigt werden soll oder Handelswege des Mittelalters an geographischen Gegebenheiten gemessen werden, die Antworten auf die „Rätsel der Zeit" liegen zu einem großen Teil schon in der Frage selbst und in der Art zu fragen begründet. Die Diskussion darüber definiert die Rolle des Historikers neu. Er bleibt jedenfalls nicht der Zuschauer, der das Schauspiel der Menschheitsgeschichte aus der Loge betrachtet, sondern sieht sich selbst zunehmend als Teil dieser Geschehnisse:

15

„Man denkt sich nicht mehr so leicht in die Pupille Gottes oder des Weltgeistes hinein; es fällt schwerer, sich in die Position der Mächtigen zu versetzen und die gesellschaftlichen Probleme von oben als Ordnungs-, Herrschafts- oder Integrationsfragen zu analysieren. Wir beginnen uns viel mehr für uns selbst und für die Herkunft der eigenen Lebensbedingungen, Verhaltensweisen, Deutungsmuster und Handlungsmöglichkeiten zu interessieren: Wie etwa haben sich Leistungsnormen in unseren Körper eingeschrieben? Welche Arbeits- und Besitzverhältnisse haben welche Familienkonstellationen herbeigeführt? Welche Verhaltens- und Denkveränderungen hat der Übergang vom Land zur Stadt erzwungen? Wie konnten Arbeiter ihre Lohnverhältnisse konkret verbessern? Welche Hoffnungen hat der Faschismus zerstört? In dieser Dimension des Alltäglichen (...) wird nach der Subjektivität derer gefragt, die wir als Objekte der Geschichte zu sehen gelernt haben, nach ihren Erfahrungen, ihren Wünschen, ihrer Widerstandskraft, ihrem schöpferischen Vermögen, ihren Leiden."
(Lutz Niethammer, Einführung zu Lebenserfahrung und kollektives Gedächtnis, Suhrkamp, Frankfurt/M. 1985, S. 9)

Einen besonderen Anstoß für solche Entwicklungen gab die Studentenbewegung Ende der 60er Jahre, deren Vorbilder und Vertreter die bestehende Gesellschaft und ihre Institutionen kritisch analysierten. Vehement forderten sie, daß sich Wissenschaft von der alten Vorstellung, objektive Wahrheitssuche im Sinne interesselosen Sammelns von Daten und Fakten zu sein, trenne und parteilich für die Überwindung der gegebenen sozialen Verhältnisse eintrete zugunsten einer menschenwürdigen Gesellschaft.

Der Historiker *Lutz Niethammer* formulierte damit für die Geschichte den Anspruch auf mehr Demokratisierung aller Lebensbereiche, dies galt auch für den Inhalt der Wissenschaft: *„Eine demokratische Zukunft bedarf einer Vergangenheit, in der nicht nur die oberen hörbar sind".*

Traditionale Inhalte sollten durch neue, lebensnähere ersetzt werden. Für die Geschichtsforschung bedeutete das, die Geschichte der Familie, der Jugend, der Kindheit, des Verkehrs, der Umwelt etc. aufzuarbeiten und in bezug zu Analysen der Gegenwart zu setzen. Aktuelle Fragen bezogen sich – je nach politischem Standpunkt – auf die Vorteile oder die Nachteile wirtschaftlicher und sozialer Modernisierung. Kritisch wurden Einzelheiten der Kosten von Industrialisierung, Hochrüstung und Ausbeutung der sogenannten „Dritten Welt" erforscht.

Die allgemeine Beschleunigung des Lebens seit der industriellen Revolution mobilisierte auch das Interesse an kontrastreichen Gegensätzen zur Gegenwart. Diese wurde zunehmend als normiert und kontrolliert erlebt, und die Scheinwerfer der neuen Geschichte richteten sich auf vergangene und gegenwärtige Gegenwelten. Aus der Kritik an der Unwirtlichkeit gegenwärtiger Lebenswelten resultierten daher die Träume vom Leben der Indianer, von mittelalterlichen Hebammen, Banditen, Kleinhäuslern, Hirten, Holzfällern oder vom Leben widerständiger Industriearbeiterinnen. In der Begeisterung über die historischen Alternativen hat sich die Kritik an der Gegenwart allerdings leicht in schwärmerischer Verklärung der Vergangenheit verloren.

Mit der Auflösung alter Lebensbezüge in überschaubare soziale Räume verband sich die Suche nach der „Heimat". In der Liebe fürs Überschaubare steckte natürlich die Verführung, sich um die Betrachtung allgemeiner, weniger anschaulicher Entwicklungen zu drücken. Die „Neue Heimatgeschichte" widmete sich daher auch den dunklen Seiten der Vergangenheit von Dörfern, Stadtteilen, Fabriken und Landstrichen. Auch die Enge, Ausweglosigkeit und soziale Ungleichheit kamen zur Sprache, und beispielhafte Dorf- und Regionalstudien ergänzten Ergebnisse und Fragestellungen der allgemeinen Geschichte, nicht zuletzt für die Zeit des Nationalsozialismus.

Die neuen Akteure der Geschichtsschreibung und der bewußte Ansatz, Fragen nach der Vergangenheit aus dem Problemhorizont der Gegenwart zu stellen, ließen sich mit den klassischen Fächergrenzen schlecht vereinbaren. Sie forderten eine immer engere Zusammenarbeit zwischen Geschichte, Volkskunde, Soziologie, Völkerkunde etc. Die neuen Themen, Methoden und Ziele von „Alltagsgeschichte", „oral-history", Geschichtswerkstätten etc. brachten schließlich auch die Grenzen zwischen Wissenschaft, Bildungs-, Kultur- und Sozialarbeit zum Fließen.

Auch wenn sich in den Schulbüchern nach wie vor allem Kaiser, Könige und Nationen versammelten, machte sich die

„Neue Geschichte" bemerkbar. Vor allem regte sie dazu an, die Spuren der eigenen Vergangenheit zu verfolgen. In Stadtteilen, alten Fabriken, in Schulen und Dörfern haben Menschen begonnen, danach zu forschen, wie ihre Vorfahren lebten. Damit ist diese Spurensuche auch nicht länger ein Vorrecht professioneller Wissenschaftler geblieben.

So hat auch die Geschichtsschreibung einen Anteil an der allgemeinen gesellschaftlichen Entwicklung, fügt sich in neue Trends und formt sie mit. Das neue Interesse an der Alltagsgeschichte, an der Geschichte der „kleinen Leute", und dem subjektiven Erleben unserer Vorfahren verbindet sich mit dem Bedürfnis, diejenigen zu hören, die bisher stumm geblieben waren.

Karl Klein, geboren 1908 in Wien, erlebte diese Entwicklung mit, erwiderte dieses Interesse an einer anderen Geschichte und begann, seine Geschichte zu erzählen:

„Na, und jetzt kommst du auf einmal und hast nie was gesagt, nie geredet, immer, und jetzt auf einmal kommst spontan heraus – jetzt! (...) Ich komme aus der schweigenden Masse, man durfte bis jetzt nicht, man hat uns überhaupt nicht gehört, wenn man keinen Titel hat – (...) ein Arbeiter hat doch nie bis jetzt irgendwie was sagen können, daß man das gehört hat. Wo immer heute erzählt wird, auch von dem Nationalsozialismus her, und immer wird ein Arbeiter nicht gehört. Da werden alle möglichen, alle möglichen Sachen gehört, die ganzen, was Polizei waren und alles. Alle, die irgendeinen Titel haben, die werden gehört, die reden, die kommen ins Fernsehen, die kommen in den Rundfunk, die sprechen, die sprechen über die Ereignisse (...). Nie hört man einen Arbeiter reden (...): Man muß sich doch auch die andere Seite auch anhören. Und wenn ich als Arbeiter das eben so erlebt habe, so war das meine Geschichte."

Heiligenfest

Dies sind die Tage, an denen
Dame Musset
heiliggesprochen wurde und
für folgende Dinge:

Januar
Als sie frisch gejungt war,
befand man sie für um einen
Zoll zu kurz geraten.

Februar
Als sie erst fünf war,
beklagte sie sich mitten im
Gebet, daß die Mädchen in
der Bibel immer und ewig
erdenstumm und gezeichnet
seien.

März
Als sie neun war, lernte sie,
wie man zu einem
sogenannten
Dienstmädchenknie kommt,
als nämlich das Sklävchen
beim Spülküchendienst
bettlägerig war und bekniet
werden mußte.

April
Als sie eben über fünfzehn
war, brachte sie eine
Beinahe-Braut mit der
Rüsche der linken
Handkrause zum Schweigen,
damit ihr Vater im Schlag
nicht womöglich etwas vom
Oh! mitbekäme.

Mai
Als liebliche Einundzwanzig
auf unerträgliche Weise auf
sie einflehten, ging sie zum
Hahnenkampfplatz und
konnte es im Stolzieren mit
jedem aufnehmen. Und bei
vollem Mond muhte sie in
Gamaschen und Hand-
schuhen mit der Herde, ihre
Hacken an deren Hufen, und
in der feuchten Talmulde
pickperwickte sie aus lauter
Dollerei mit der Wachtel im
Dickicht und rief nach
bräutlichem Schwung und
einer Feder zum Fliegen.

Juni
Als sie gute Dreißig war,
machte sie wie alle Männer
von ihr eine Dirne aus einer
anständigen Frau, indem sie
eine Geliebte daraus machte.

Juli
Als sie vierzig war,
wunderte sie einen Baum an,
dessen Blätter randlos waren
und dessen Name Florella
war.

August
Als sie etwas über fünfzig
und einen Tag alt war, traf
sie auf den Frühling,
welcher als der zweite
etikettiert ist.

September
Als sie gute sechzig war,
wandte sie sich ebensowenig
zum Guten wie irgendeine
sonst.

Oktober
Als die Sechzig nicht länger
zu ihren Untermietern
gehörte, kaufte sie sich ein
extra fernblickendes und
ultranahsichtiges Opernglas
und trug es immer in einem
Beutel mit sich herum.

November
Als sie achtundachtzig war,
sagte sie, „Das ist ein Haken,
Mädchen, und kein Knopf,
du solltest dein Kleid besser
kennen".

Dezember
Als sie kurz vor ihrem
letzten Atemzug war, ließ
sie eine Pastete kommen,
gab sie einer Freundin zu
essen und entsagte der Welt
und ihren Fall – stricken wie
alle Heiligen vor ihr, als sie
keinen Raum mehr für sie
hatten.
Prosit!

aus: Djuna Barnes, Ladies
Almanach © 1985, Verlag
Klaus Wagenbach, Berlin

3. Vom Geschichten erzählen zur historischen Identität

Daß immer mehr Menschen über ihre eigene Biographie nachdenken, hat gesamtgesellschaftlich vor allem zwei Gründe: Die Berechenbarkeit eines chronologischen Lebenslaufs und die Wahrnehmung von Brüchen darin. Bis ins 19. Jahrhundert und für viele Menschen auch noch bis ins 20. Jahrhundert machten Krankheit, Hunger und Krieg das Leben höchst unberechenbar. Während Jahrhunderten beteten und flehten unsere Vorfahren: „Vor Pest, Hunger und Krieg bewahre uns, oh Herr!" Immer wieder suchten Epidemien, Hungersnöte und Kriege die Menschen jeden Alters heim, und niemand konnte mit einer sicheren durchschnittlichen Lebenszeit rechnen. Jederzeit konnte eine Infektionskrankheit oder das Kindbettfieber dem Leben ein

Ende setzen, daher schien den Menschen das ewige Leben wichtiger als das weltliche.

Auch die Lebensphasen in der Reihenfolge wie wir sie heute kennen von Kind, Jugendlicher, Erwachsener und alter Mensch mit typischen Rollen gab es erst zu Beginn des 20. Jahrhunderts, und auch da oft nur in der idealen Vorstellung. Erlebt haben es die meisten Menschen jedenfalls jahrhundertelang ganz anders. Sie mußten zusehen, wie sie mit ihrer Arbeit ihr Überleben sicherten. Die Arbeit in der Landwirtschaft, der Zeche oder der Fabrik erlaubte oft keine Kindheit ohne Arbeitsverpflichtungen. Immer wieder zwang der Tod oder die Arbeitslosigkeit von Familienangehörigen oder auch nur die schlichte Forderung, endlich kein „unnützer Esser" mehr zu sein, Kinder und Jugendliche dazu, sehr schnell die Arbeitsleistung von Erwachsenen zu erbringen. Die Möglichkeit, langsam in die Rolle eines Erwachsenen hineinzuwachsen, gab es dabei kaum. Erwachsensein hieß umgekehrt nicht unbedingt selbständig zu sein und selbständige Entscheidungen zu treffen. So behielten viele Erwachsene als ländliche Dienstboten lebenslänglich den Status von abhängigen Kinder, hatten außer dem Essen und ab und zu einem Kleidungsstück kein eigenes Einkommen und durften daher nicht heiraten.

In der industrialisierten Welt sind die Lebensläufe heute vorhersehbarer, berechenbarer und auch gleichförmiger geworden, und zwar von der Schulbildung bis zum durchschnittlichen Heiratsalter und der Höhe der Pension. Jahrhundertelang waren es die Regeln des Standes, die das Tun und Lassen der Menschen vorhersehbar machten. So bedeutete Heirat nicht etwa eine private Entscheidung aus freien Stücken, sondern Standespflicht oder -verbot. War es für einen bäuerlichen Hoferben, eine Fürstentochter oder eine Handwerkerwitwe Pflicht, zu heiraten, blieb der Stand der Ehe dem Gesinde oder den Bettlern verwehrt. Der Stand, in den man hineingeboren wurde, legte das Leben fest – von der Sprache bis zu Farbe und Form der Kleidung. Heute ist es die Abfolge von Phasen und Einschnitten der Biographie, die fraglos unser Leben bestimmt. Anders als in den vergangenen Jahrhunderten sind individuelle und durchschnittliche Lebensdaten nahezu identisch geworden:

21

„Wir werden alle im gleichen Jahr eingeschult, beginnen im gleichen Jahr unsere Lehre oder unser Studium, treten ins volle Berufsleben ein, heiraten etwa im gleichen Alter einen ähnlich gleichaltrigen Partner, haben mit ihm ein bis zwei Kinder, treten ungefähr zur gleichen Zeit die ‚nachelterliche Gefährtenschaft' an, werden im selben Jahr in den Ruhestand versetzt und sterben schließlich auch alle im ziemlich gleichen Alter, als Männer etwas früher, als Frauen etwas später. Und nimmt die Lebenserwartung zu, so nimmt sie für alle zu; wird die Lebensarbeitszeit gesenkt, wird sie für alle gesenkt." (Arthur Imhof, *Die verlorenen Welten. Alltagsbewältigung durch unsere Vorfahren – und weshalb wir uns heute so schwer damit tun ... Beck, München 1985², S. 56*)

Soziale Unterschiede bestehen zwar weiter, die Gesellschaft West- und Mitteleuropas ist aber gewissermaßen mit dem Fahrstuhl nach oben gefahren: Immer mehr Menschen konnten unter gleichen Bedingungen leben. (Ulrich Beck, Risikogesellschaft. Auf dem Weg in eine andere Moderne, Frankfurt/M. 1986, S. 121)

Der Lebenslauf wurde gewissermaßen zur Institution, die bestimmte Regeln, Worte und Symbole vorschreibt. Indem wir diesen Normen entsprechen oder uns ihnen auch widersetzen, leben wir im Bewußtsein, individuell zu handeln und uns darin von anderen zu unterscheiden. In der Berechenbarkeit des Lebenslaufs als biographisches Muster stecken daher auch Gestaltungsmöglichkeiten für das einzelne Leben. Dieses Bewußtsein, ein individueller Mensch zu sein und ein persönliches Schicksal zu haben, kennzeichnete jahrhundertelang eine kleine Minderheit. Die meisten Menschen lebten, fühlten und dachten fraglos im Kollektiv. Der Stamm, das Dorf, der Hof, die Familie als Ganzes war viel wesentlicher als die ständig gefährdete Einzelperson. Dazu ein Beispiel aus der Geschichte eines Bauernhofs: Arthur Imhof verfolgte die Namen der Besitzer eines Bauernhofs in Nordhessen vom 16. bis zum 20. Jahrhundert. Die Besitzer hießen bis auf eine Ausnahme „Johannes Hooss". Angesichts der hohen Säuglingssterblichkeit konnte das über so lange Zeit hinweg nur gelingen, wenn nicht nur ein Sohn, sondern gleich mehrere den Namen Johannes erhielten, damit die Kontinuität des Namens gewahrt blieb. Hier bekam nicht der Mensch als Individuum einen besonderen Namen, sondern der Name wurde einer Person zugeordnet. Nach Möglichkeit erhielt noch eine Ersatzperson den gleichen Namen – für den Fall, daß der erste Namensträger sterben sollte.

„Nicht das Individuum war das alles Entscheidende, sondern der Name, den das mehr oder weniger kurzlebige Individuum trug. So wie immer wieder eine andere Person vorübergehender Besitzer des Vältes-Hofes wurde, die Rolle des jeweiligen Inhabers spielte, so schlüpfte immer wieder ein anderer männlicher Nachkomme in den Namen Johannes, spielte die Johannes- und damit eben die Hofbesitzer-Rolle. Auf diese Weise war der Vältes-Hof nicht nur zehn oder zwanzig oder auch mal dreißig Jahre lang im Besitz des Johannes Hooss, sondern von 1552 bis heute. Der Name blieb. Nur ihre Träger wechselten, wenn sie langsam alt wurden oder schon vor ihrer Zeit dahinstarben." *(Arthur Imhof, Die verlorenen Welten, S. 149)*

Geschichten erzählen

Aus der eigenen Biographie zu erzählen, machte in einer solchen Welt keinen Sinn. Wie aber sahen dann die Geschichten aus, die Menschen einander in einer Gesellschaft erzählten, wo Individualität keinen Platz hatte?

Der alte Großvater und der Enkel

Es war einmal ein steinalter Mann, dem waren die Augen trüb geworden, die Ohren taub, und die Knie zitterten ihm. Wenn er nun bei Tische saß und den Löffel kaum halten konnte, schüttete er Suppe auf das Tischtuch, und es floß ihm auch etwas wieder aus dem Mund. Sein Sohn und dessen Frau ekelten sich davor, und deswegen mußte sich der alte Großvater endlich hinter den Ofen in die Ecke setzen, und sie gaben ihm sein Essen in ein irdenes Schüsselchen und noch dazu nicht einmal satt; da sah er betrübt nach dem Tisch, und die Augen wurden ihm naß. Einmal auch konnten seine zitterigen Hände das Schüsselchen nicht festhalten, es fiel zur Erde und zerbrach. Die junge Frau schalt, er sagte aber nichts und seufzte nur. Da kaufte sie ihm ein hölzernes

Schüsselchen für ein paar Heller, daraus mußte er nun essen. Wie sie da so sitzen, so trägt der kleine Enkel von vier Jahren auf der Erde kleine Brettlein zusammen. „Was machst du da?" fragte der Vater. „Ich mache ein Tröglein", antwortete das Kind, „daraus sollen Vater und Mutter essen, wenn ich groß bin". Da sahen sich Mann und Frau eine Weile an, fingen endlich an zu weinen, holten alsofort den alten Großvater an den Tisch und ließen ihn von nun an immer mitessen, sagten auch nichts, wenn er ein wenig verschüttete. (Aus: Grimms Märchen)

Solche Geschichten entstammten dem alltäglichen Leben, aber ihr Motiv war nicht, die eigene Biographie besser zu ordnen und zu deuten. Wenn einer die Geschichte von der schlechten Behandlung des Großvaters erzählte, dann um sie als „Verdichtung" allgemeiner Erfahrungen weiterzugeben – zur Belehrung und Ermahnung. Die Märchen und Sagen des deutschen Sprachraums verbinden sich mit disziplinierenden Ermahnungen bzw. unbewältigten Ängsten der Gemeinschaft. Sie sind Bestandteil des kollektiven Gedächtnisses traditionaler geschlossener Gesellschaften.

Autobiographien schreiben

Ein wichtiger Beweggrund für die Entstehung und Weiterführung von Autobiographie vom Anfang der Neuzeit bis Ende des 18. Jahrhunderts war die religiöse Selbstbefragung. Die individuelle Prüfung der eigenen Lebens- (und Glaubens-) geschichte diente besonders im Pietismus des 18. Jahrhunderts der Selbstkontrolle und Selbstdisziplin. Auch die frühe Kriminalistik und Pädagogik setzten biographische Fragen ein, um Täter und Tathergang auszuforschen bzw. Kinder und Jugendliche besser beobachten und kontrollieren zu können:

„Je besser man ein Kind kennt, je nützlicher kann man auch an ihm arbeiten. Man muß aber, um sie desto sicherer kennenzulernen, ihnen die schon gerühmte edle Offenheit gegen sich selbst und gegen andere angewöhnen. Man muß sie anhalten, ihre Schwächen und Fehler frei

24

zu bekennen. (...) Damit man nun auch die Denkungsart der kleinen verborgenen Neigungen und Vorurteile der Kinder entdeckt, so muß man oft ihre Gedanken über allerhand Sachen von ihnen vernehmen. Zu diesem Zweck muß man vor allem, was sie gelesen, gehört und gesehen, ihre Gedanken aufschreiben lassen" (Sulzer, zit. nach Peter Gstettner, Störungs-Analysen. Zur Reinterpretation entwicklungspsychologisch relevanter Tagebuchaufzeichnungen. In: Dieter Baacke/ Theodor Schulze (Hrsg.), Aus Geschichten lernen. Zur Einübung pädagogischen Verstehens, München 1979, S. 151)

Die Eigenschaften der Selbstkontrolle und Selbstdisziplin haben sich mit Lebens- und Wirtschaftsweise des aufstrebenden städtischen Bürgertums verbunden. Ihm entsprach auch die Biographie als eigene literarische Form. Bis ins 18. Jahrhundert war sie meist Begleiterscheinung von religiöser Selbstbeobachtung, Reisebeschreibungen, „Hauschroniken" von Händlern, Kaufleuten, Gelehrten, Künstlern, Bürgermeistern etc.

Als erste Autobiographie der Literaturgeschichte, in der es nicht um die religiöse Rechtfertigung der persönlichen Entwicklung geht, gilt ein Roman von *Carl Philipp Moritz*. Er schrieb seine eigenen Erfahrungen als Schüler und Student auf und nannte die Hauptfigur Anton Reiser. Anton – für die Schwermut des hl. Antonius, Reiser – für die Ruhelosigkeit des Umherziehenden. Der Roman erschien in vier Teilen zwischen 1785 und 1790. Ein Hauptthema des Romans ist die Religion, aber mit einem völlig neuen Ziel. In der Vorrede zum zweiten Teil erklärte der Verfasser seine Absicht, eine Biographie zu verfassen:

„Um ferner schiefen Urteilen, wie schon einige über dieses Buch gefällt sind, vorzubeugen, sehe ich mich genötigt, zu erklären, daß dasjenige, was ich aus Ursachen, die ich für leicht zu erraten hielt, einen psychologischen Roman genannt habe, im eigentlichsten Verstande Biographie und zwar eine so wahre und getreue Darstellung eines Menschenlebens bis auf seine kleinsten Nuancen ist als es vielleicht nur irgendeine geben kann."

Anton Reisers Kindheit und Jugend war geprägt von Armut und der Engstirnigkeit und Lieblosigkeit von Verwandten, Lehrern, Mitschülern und Nachbarn. Die angestrebte Ausbildung erreichte er nur mit mühsamen Anstrengungen, und angesichts der Mißachtung seiner Umwelt litt er schließlich an mangelndem Selbstvertrauen. Als begabter Schüler und Student in ärmlichsten Verhältnissen zu leben, war die Bruchlinie im Leben der neuen Kleinbürger vom Typ des Anton Reiser. Subjektiv erlebte der Autor die problematische Spannung zwischen sozialem Aufstieg durch Bildung und Abwertung durch die ungesicherte Existenz als eine Reihe von Zufällen. In erster Linie appellierte er an die Pädagogen, bei der Beurteilung ihrer Schüler die jeweiligen Lebensumstände mitzubedenken. Im ordnenden Rückblick hatte „Anton Reiser" auch die sinnstiftende Wirkung der Reflexion der eigenen Lebensgeschichte erfahren:

„Und dies waren die glücklichsten Momente seines Lebens, wo sein eigenes Dasein erst anfing, ihn zu interessieren, weil er es in einem gewissen Zusammenhange und nicht einzeln und zerstückt betrachtete. Das Einzelne, Abgerissene und Zerstückte in seinem Dasein war es immer, was ihm Verdruß und Ekel erweckte." (S. 432)

„Wer auf sein vergangenes Leben aufmerksam wird, der glaubt zunächst nichts als Zwecklosigkeit, abgerissene Fäden, Verwirrung, Nacht und Dunkelheit zu sehen; je mehr sich aber sein Blick darauf heftet, desto mehr verschwindet die Dunkelheit, die Zwecklosigkeit verliert sich allmählich, die abgerissenen Fäden knüpfen sich wieder an, das Untereinandergeworfene und Verwirrte ordnet sich – und das Mißtönende löset sich unvermerkt in Harmonie und Wohlklang auf." (S. 482)

Etliche Jahre später schrieb *Johann Wolfgang Goethe*, der Carl Philipp Moritz kannte und schätzte, die klassische bürgerliche Autobiographie. In „Dichtung und Wahrheit" stellte er seine eigene Lebensgeschichte in den Mittelpunkt, suchte darin keine Antworten auf religiöse Fragen mehr und benutzte auch kein Pseudonym wie Moritz. Im Vorwort nannte er eine Reihe von Motiven, die, zeitgemäß formuliert, bis heute aktuell geblieben sind. Gleich an den Anfang stellte er das Verhältnis von Individuum und Gesellschaft:

„Denn dieses scheint die Hauptaufgabe der Biographie zu sein, den Menschen in seinen Zeitverhältnissen darzustellen und zu zeigen,

inwiefern ihm das Ganze widerstrebt, inwiefern es ihn begünstigt, wie er sich eine Welt- und Menschenansicht daraus gebildet und wie er sie, wenn er Künstler, Dichter, Schriftsteller ist, wieder nach außen abspiegelt. Hierzu wird aber ein kaum Erreichbares gefordert, daß nämlich das Individuum sich und sein Jahrhundert kenne, sich, inwiefern es unter allen Umständen dasselbe geblieben, das Jahrhundert, als welches sowohl den Willigen als Unwilligen mit sich fortreißt, bestimmt und bildet, dergestalt, daß man wohl sagen kann, ein jeder, nur zehn Jahre früher oder später geboren, dürfte, was seine eigene Bildung und die Wirkung nach außen betrifft, ein ganz anderer geworden sein." (aus: Johann Wolfgang Goethe, Aus meinem Leben. Dichtung und Wahrheit. Erster Teil, Vorwort, S. 2)

Historische Identität

In der Aufgabe, sich als Individuum zu kennen ebenso wie das eigene Jahrhundert, steckt die Frage nach der Identität. Im besonderen geht es um die historische Identität, d.h. das einzelne Leben den allgemeinen Verhältnissen zuordnen zu können. Hinter dem Bild, daß das Jahrhundert die einzelnen Menschen mit sich fortreißt, ob sie nun wollen oder nicht, steckt die Beobachtung von raschen Veränderungen. Die Gesellschaft entwickelt sich so dynamisch, daß zehn Jahre Altersunterschied schon ausreichen, um „ein ganz anderer geworden zu sein"; die Soziologie würde dazu sagen, um einer anderen Generation anzugehören.

Als Mitglied einer elitären Kultur konnte sich Goethe noch nicht vorstellen, daß andere als seinesgleichen auf diese Weise über sich und die Welt nachdenken und schreiben. Die Beschleunigung des Lebens war vor allem in der Welt des Bürgertums spürbar bzw. ging von bürgerlichen politischen Strömungen und Wirtschaftsweisen aus. Die alten Zunftordnungen wurden zugunsten einer neuen konkurrierenden Wirtschaftsweise auf einem modernen Markt abgebaut. Das verlangte eine größere Vielfalt an Fähigkeiten. Das neue Bürgertum strebte auch nach einer gesicherten sozialen und politischen Position im traditionellen Gefüge von „Obrigkeit" und „Volk". Auch dies bedurfte neuer Qualifikationen im Sinne einer neuen Kultur der „Persönlichkeit". Das heißt, erst mit dem Aufstieg des Bürgertums im 17. und 18. Jahrhundert entstand überhaupt ein Bewußtsein dafür, die eigene Persönlichkeit auszubilden. Es ist daher auch kein Zufall, daß gerade um 1800 mit „Anton Reiser" und „Dichtung und Wahrheit" zwei klassische Beispiele einer literarischen Form entstanden, die sich mit der Herausbildung der Persönlichkeit befaßte.

Bezüglich der literarischen Form lassen sich grob zwei Typen unterscheiden: Die Memoiren, die die Aktivitäten in der Außenwelt darstellen und die Autobiographie, die von der Entwicklung einer Persönlichkeit handelt. Im 17. und 18. Jahrhundert verfaßten Adelige eher ihre Memoiren, Bürger eher autobiographische Texte.

Im 19. Jahrhundert schreiben die unterschiedlichsten Autoren und Autorinnen aus den verschiedensten Motiven ihre Lebenserinnerungen nieder. Die bürgerliche Öffentlichkeit nimmt in Form von Zeitungen, bürgerlicher Salon- und Kaffeehauskultur und schließlich auch auf der politischen Bühne zu. Daher häufen sich die Memoiren von Staatsmännern, Generalen, Hofleuten, Geistlichen, literarischen Zeitschilderern, Schauspielern, Malern etc. Zeitgeschichtliche Anregungen, sich auf die eigene Lebensgeschichte zu besinnen, gehen auch von den Ereignissen rund um die Revolution von 1848 aus – Akteure, Zeugen, Sympathisanten und Gegner halten ihre Positionen fest. Als biedermeierliche Fluchtpunkte von Vorstellungen einer besseren Welt dienen gleichzeitig romantische Erinnerungen an die Kindheit aus der Perspektive der Erwachsenen. (Peter Sloterdijk, Literatur und Lebenserfahrung, München 1978, S. 44 f.)

Einen grundsätzlichen Wechsel der Perspektive betonten nun auch Vertreterinnen der bürgerlichen Frauenbewegung – sie erschrieben sich die eigenständige Persönlichkeit entgegen anderslautender männlicher Einschätzungen und entsprechenden eigenen Prägungen. Gegen Ende des Jahrhunderts tauchten mit der neuen sozialen Klasse der Industriearbeiterschaft auch proletarische Autobiographien auf.

Im Laufe des 20. Jahrhunderts erleben immer mehr Menschen eine Beschleunigung des allgemeinen Tempos. Im Schatten der anonymen Masse sorgen intime soziale Räume für Privatheit und persönliche Entwicklungen. Im Wechsel zwischen Intimität und Anonymität formen sich individuelle Lebensgeschichten. Beide Ausformungen der modernen Gesellschaft garantieren dabei den nötigen Schutz vor sozialer Kontrolle. Die Anforderungen an den einzelnen, sich in vielfältigen Beziehungen in privaten wie in öffentlichen Räumen zurechtzufinden, haben das Leben komplexer gemacht. Sie zwingen die Menschen geradezu, sich zu Persönlichkeiten herauszubilden und ermöglichen es zugleich.

Die heute älteren Generationen haben einen massiven gesellschaftlichen Wandel erlebt. Ihre Erinnerungen enthalten viele plastische Beispiele dafür, wie rasch und nachhaltig sich die allgemeinen Verhältnisse geändert haben. Saßen sie z.b. als Kinder noch auf einem Pferdewagen und putzten die zerbrechlichen Glaskörper der Petroleumlampen, benutzen sie heute Bus oder Auto und knipsen abends in jedem Raum ganz selbstverständlich das elektrische Licht an. Während sie früher noch selbst Obst und Gemüse einkochten, stehen sie heute im Supermarkt vor den Regalen mit der Tiefkühlkost. Die landwirtschaftliche und die industrielle Produktion und damit Arbeit und Freizeit, das Zusammenleben der Menschen, der Verkehr, die Technik und Kommunikation haben sich im Leben der heute Älteren drastisch verändert. Immer wieder standen sie vor der Aufgabe, ein neues Selbstverständnis herauszubilden und daraufhin ihr Verhalten auszurichten. Im Alter werden die Erinnerungen an die Vergangenheit lebendig, und angesichts der Brüche und Widersprüche, die das eigene Leben geprägt haben, begannen alte Menschen zu erzählen und zu schreiben – aus allen Milieus, aus verschiedenen Generationen, Männer und Frauen.

Doch die Komplexität der alltäglichen Lebenswelt nimmt weiterhin zu, sie wird vielgestaltiger und damit unüberschaubarer. Auch den Jüngeren bleibt die Frage nach ihrer Identität nicht erspart. Mehr denn je wechseln Menschen ständig die Welten: von der Arbeitswelt in die Freizeit, vom Land in die

Stadt, von der Intimität der Familie in die Öffentlichkeit der Massenmedien, von der Disco zur Trachtenkapelle, von der Kirche ins Parteilokal, vom Bauernhof in den U-Bahnschacht, von der Standardsprache zum Dialekt – und wieder zurück. Ob bewußt oder unbewußt, mit den Wendepunkten verbindet sich die Frage: Wie kann ich all diese Welten wechseln und doch der oder die gleiche bleiben, ohne daß ich mich teilweise verleugnen muß oder daß es mich innerlich zerreißt?

Auf die hohen Anforderungen an das Vermögen, sich rasch auf Neues um- und einzustellen, gibt es unterschiedliche individuelle und kollektive Reaktionsweisen: Pessimistische Zeitgenossen gehen davon aus, daß das alles ganz schrecklich ist und folgern, was nicht sein darf, das kann auch nicht sein. Die gesellschaftliche Entwicklung wird verleugnet, man renoviert Fassaden, holt alte Trachten hervor und pflegt das Bild einer idyllischen, überschaubaren Heimat. Die andere Seite der Medaille einer solchen Flucht zurück ist die Flucht nach vorne. Man zerstört alles, was an früher erinnert, um die Komplexität des Lebens auf diese Weise loszuwerden und schafft eine möglichst gleichartige Welt mit überschaubaren Normen in allen Lebensbereichen.

Fluchthilfe leisten schließlich auch unversehens vereinfachte Lebensmodelle aus dem breiten Spektrum von Psychotherapie und Esoterik, wenn sie den gesellschaftlichen Bezug der indivi-duellen Entwicklung vernachlässigen oder gar abstreiten. Seiner Entstehung nach hat das Streben nach Selbst-Entfaltung ursäch-lich damit zu tun, sich als Teil der Gesellschaft zu begreifen, um daran teilzuhaben. Mit anderen Worten: Im Bürgertum des 17., 18. und 19. Jahrhunderts wird Individualität vergesellschaftet. Heutzutage geht bei der Versenkung in das Selbst leicht die Lust am gemeinsamen Handeln verloren. (Richard Sennett, Verfall und Ende des öffentlichen Lebens. Die Tyrannei der Intimität, New York 1974, hier zit. nach Frankfurt/M. 1990, S. 25)

Komplexität kann jedoch auch als Chance begriffen werden, denn in einem vielgestaltigen Leben liegen viele Möglichkeiten kultureller Verarbeitung und Umsetzung von Erfahrungen. Im Sinne eines solchen Lösungsmodells gilt es zunächst einmal, die soziale Wirklichkeit zu akzeptieren. Das bedeutet nicht, alles gutzuheißen, wie es ist, sondern genauer hinzuschauen und hinzuhören und die Frage zu stellen: Weshalb ist die heutige Lebenswelt geworden wie sie ist?

II. Lebensgeschichte und Lebenserfahrungen

1. Lebenserfahrung – was ist das?

„Ihr ist das Leben ins Gesicht geschrieben!" Dieser Satz zeigt, wie sehr die Lebenserfahrung für andere sichtbar wird. Wir wissen nicht, welche Lebenserfahrungen da ins „Gesicht geschrieben" sind, welche Geschichten sich dahinter verbergen, was die jeweiligen Personen erlebt haben. Zu den Gesichtern gehören auch Stimmen, abgearbeitete Hände, viele Kleinigkeiten, die sich gleichsam kleinen Steinchen zu einem Mosaik zusammenfinden. Mimik, Gestik, Bewegung, Rhythmus – alle Lebensäußerungen veranschaulichen die Erfahrung. Unvermutet schaut man in ein interessantes Gesicht. Was hat der oder die Person erlebt? Welches Leben hat sie gelebt? Nur selten gibt es die Möglichkeiten nachzufragen, jemanden auf der Straße anzusprechen und nach seiner Geschichte zu fragen.

Nach welcher Geschichte würden wir fragen? Nach den großen Ereignissen, so wie wir sie in der Schule lernen oder vielmehr nach der Lebensgeschichte. Läßt sich das so voneinander trennen? Es ist die Geschichte, die jeden einzelnen von uns prägt. In der Lebensgeschichte sind individuelle Ereignisse mit allgemeinen, kollektiven Ereignissen geradezu verwoben. Die „große Geschichte" ist mit der eigenen Geschichte verbunden. Es läßt sich nur schwer das Eigene und das Allgemeine trennen – beide prägen unsere jeweilige Lebensgeschichte. „Wer ich bin, weiß nur der, der ich geworden bin". Immer können wir nur aus der heutigen Perspektive mit dem heutigen Wissen sehen und interpretieren, was wir damals als Kinder, als Jugendliche etc. erlebt haben. Mit dem Wissen von heute stellen wir unsere Vergangenheit dar. Wir sehen den Fluß der Geschichte, der über unwegsames Gelände fließt, der im Alltag des älteren Menschen oft weit entfernt scheint und erst durch gezieltes Fragen in Erinnerung gerufen wird. Oft sind diese Erinnerungen verklärt durch vieles, was nachher kam. Es scheint, als wäre es besser gewesen, als wäre all das, was nachher passiert ist, immer dramatischer, schlimmer gewesen. Doch dann, wenn sich die älteren Menschen genau erinnern, ist es plötzlich nicht mehr die gute alte Zeit, in der man zwar arm, aber glücklich war. Da wird die Erinnerung an die Schule deutlich, in der die Tochter der Magd und des Knechtes immer Außenseiterin war, weil sie nie Schuhe hatte und stundenlang barfuß über Stoppelfelder in die Schule laufen mußte, wenn sie nicht am Feld arbeiten mußte. Lebenserfahrungen sind eng mit den sozialen Räumen verbunden, in denen sie gemacht werden. Da ist die Erinnerung an eine Schulklasse, wie es dort ausgesehen hat, da ist die Erinnerung an die Stube zu Hause. Alle diese Räume sind mit Erinnerungen verbunden, in gewissem Sinne strukturieren sie diese Erinnerungen. Ortswechsel, Wohnungswechsel, Wechsel der Ausbildungsstätten und Arbeitsstätten – alles ist verbunden mit anderen Erinnerungen.

„Wir kamen aus großen Familien und waren es gewohnt, mit älteren Menschen zurechtzukommen. Als ich noch ein kleiner Junge war, gaben meine Großeltern auf ihrem Bauernhof in der Nähe des Plattensees jeden Sommer ein großes Essen für die ganze Verwandtschaft, und über zweihundert kamen. Ich erinnere mich noch, wie ich staunte, daß wir so viele waren, die da auf langen Bänken an langen Tischen im Hof saßen, zwischen dem Haus und den Pflaumenbäumen – reihenweise Tanten und Onkel, Vettern und Basen und angeheiratete Verwandte, kleine Kinder ebenso wie Leute über achtzig. Das Alter spielte in einer solchen Sippe keine Rolle. Wir lebten alle in einem Umkreis von zweihundert Kilometer und liebten dieselben Lieder.

Der Sturm des Krieges hat diesen Hof leergefegt. Die Vajdas, die sich einst so nahe waren, leben heute auf vier Kontinenten. Wir verlieren uns aus den Augen, und so geht es heute allen. Amerika wurde zwar nicht von fremden Heeren verwüstet, aber die Höfe im Grünen sind dennoch verschwunden. Sie wurden überpflastert und zu Rollbahnen gemacht. Familien zerbrechen, und jede Generation scheint einer anderen Periode der Geschichte anzugehören. An die Stelle der großen Häuser, in denen Großeltern, Tanten und Onkel Platz hatten, treten

Teenager-Treffs, Seniorenheime und die ruhigen Wohnungen für Menschen mittleren Alters." (Stephen Vizinczey: Lob der erfahrenen Frauen. Erinnerungen eines Liebhabers. Frankfurt am Main 1992, S. 10)

2. Wie Lebenserfahrung von außen beeinflußt wird

Das Alter ist jene Lebensphase im biographischen Bogen, in der sich alle Erfahrungen, das eigene, vergangene Leben bündelt. Wir möchten an zwei Beispielen verdeutlichen, wie sich die Lebensgeschichte auf die Lebenssituation im Alter auswirkt und welche Möglichkeiten dadurch noch gegeben sind. Der erste Themenbereich betrifft die finanzielle Situation im Alter. Das zweite Thema beschäftigt sich mit den Beziehungsmöglichkeiten im Alter.

Arbeit, Geld und Leben – die eigene Altersvorsorge

Frau *Berta Bartsch,* Jahrgang 1905, stammt aus einer wohlhabenden Kunsttischlerfamilie. Sie wuchs mit den standesgemäßen Lebensperspektiven der Bürgertochter auf. Erster Weltkrieg, Inflation sowie der Niedergang des elterlichen Betriebes beraubten sie ihrer Mitgift und somit der ursprünglichen Heiratschancen. Nichtsdestotrotz erlernte sie einen Beruf. Sie besuchte zwei Jahre die Fachschule für Damenkleidermachergewerbe, ein Jahr die Höhere Fachschule für Textilindustrie, dann die Strickereischule. Sie arbeitete als Schneiderin, „Manipulantin" und als Modelldirectrice in Wien, 1934 bis 1935 in Deutschland, kehrte nach Wien zurück und war hier arbeitslos. Damit verlor sie ihre Unabhängigkeit und heiratete den Schuhmacher Josef Neumeister 1936. Sie arbeitete im Schuhmachergeschäft des Mannes, nähte nebenbei und brachte 1941 eine Tochter zur Welt.

Frau *Bartsch* berichtet:

„*Im Dezember 1966 erkrankte mein Mann an Krebs, und nach drei Operationen blieb meinem Mann nichts anderes übrig, als 1968 in Frührente zu gehen. Ich half ihm seit meiner Heirat im Jahr 1936 im Geschäft. Es gibt für mich keine Pension, denn damals konnte man eine mitarbeitende Ehefrau noch nicht versichern. Bis 1968 habe ich ein Jahr lang das Geschäft mit einem Gehilfen und einem Lehrling, ohne meinen Mann, geführt. Der Ertrag war aber zu gering, daß zwei Familien davon leben hätten können. Außer einer kleinen Inventarablöse bekamen wir nichts für unser Geschäft, denn das Haus wurde zwei Jahre danach abgerissen. Ich habe eine Mindestpension und beziehe viertausenddreihundert (rund 620 DM), weil mein Mann war Geschäftsmann.*" (Ottakringer Lesebuch, *Was hab' ich denn schon zu erzählen*, Wien, Köln, Graz 1988)

Ältere Gewerbetreibende konnten in Österreich, wenn der Betrieb familiengebunden geführt wurde, kaum am Wirtschaftswunder teilhaben. Zu groß war die Konkurrenz der industriellen Fertigung. Berta Neumeister hatte zwar eine Ausbildung, was für Frauen dieser Generation durchaus keine Selbstverständlichkeit war, konnte aber aufgrund der wirtschaftlichen Situation ihren Beruf nicht mehr ausüben. Ihre Heirat bedeutete Mitarbeit im Geschäft sowie Organisation des Haushalts und Erziehung der Tochter. Die Möglichkeit, Pensionsversicherungsbeiträge einzuzahlen, gab es nicht. Berta Neumeister bezieht ihre heutige Rente nicht aufgrund ihrer eigenen Arbeitsleistung, sondern sie bekommt die ihr als Witwe zustehende Pension „nach dem Mann".

Frau *Maria Schneeweiß*, 1901 in Aigen bei Kirchschlag in der Buckligen Welt in Niederösterreich geboren, Vater Landarbeiter, Mutter Taglöhnerin mußte bereits mit neun Jahren in den Dienst. Daher war für sie nur mehr ein verkürzter Schulbesuch möglich. Sie arbeitete als Dienstmagd und später als Landarbeiterin im Taglohn. 1920 die Geburt des ersten unehelichen Kindes, 1922 heiratete sie Karl Gremel und übersiedelte 1927 nach Groß-Enzersdorf, ein Ort in der Nähe von Wien, der später eingemeindet wurde. Sie war seit 1969 Witwe und verstarb 1991.

Maria Schneeweiß erzählte:

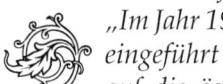 *„Im Jahr 1924, als gerade die Rente für ländliche Dienstboten eingeführt wurde, bekam ich mein zweites Kind (bezieht sich auf die österreichische Pensionsgesetzgebung). Keine drei Wochen vor und nach der Geburt gab es noch nicht (Mutterschutz) – eher eine Entlassung! Hebammengeld hätten wir uns geschämt von der Kasse zu fordern. Bei meinem dritten Kind 1927 bekam ich dann die sechs Wochen vor der Geburt pro Tag fünfzig Groschen (10 Pfennig), da der Bauer nur den geringsten Kassenbeitrag gezahlt hat. Nach der Geburt bekam ich dann das Geld, aber schon wegen der Beiträge, die von meinem neuen Arbeitgeber bezahlt wurden. Als mein Mann eine besser bezahlte Stellung annahm, war ich dort nur mitversichert. Ich arbeitete weiterhin bei den Bauern im Taglohn, bald hier, bald dort, aber angemeldet wurde man nicht – nur bei zwei Bauern war ich krankenversichert. Soviel Einkommen war es aber doch, daß ich nach dem Krieg weiter einzahlen konnte. 1969 starb mein Mann plötzlich – er war ein halbes Jahr in Rente gewesen. Ich bekam 504 Schilling Witwenrente im Monat. Mein jüngster Sohn, der eben Matura machte, erhielt 210 Schilling Waisenrente. Da ich sechs Kinder geboren hatte, konnte ich bereits zu diesem Zeitpunkt – ich war noch nicht sechzig – um die selbsterworbene Rente einreichen: Die machte 96 Schilling (75 DM) aus.*

Wenn ich oft in Rentenangelegenheiten mit jemanden sprach und man sagte mir ins Gesicht: „Sie haben ja nichts gearbeitet!" – das tat so weh, zum Weinen! Die Witwenrente hätte ich auch bekommen, ohne Kinder aufzuziehen ... Das soll keine Arbeit sein? Akkordarbeit, Zuckerrüben bearbeiten, dreimal behacken, vereinzeln und ausnehmen – nicht krankenversichert –, dafür den üblichen Lohn: 50 g Zucker, 100 kg Weizen, der gleich im Lagerhaus für Mehl eingetauscht wurde. Das Geld war für Lederhosen und Schuhe. Um vier Uhr früh mit der Arbeitertram ins Marchfeld fahren. Für den ganzen Tag nur Brot mit Butter drauf, die in der heißen Sonne schmolz, und eine große Flasche schwarzen Kaffee mit Essig – gut gegen den Durst. Abend beim Einbruch in der Dunkelheit heimfahren, dann alle Hausarbeit machen und für die ganze Familie das Essen für den nächsten Tag richten. Zwischen elf und zwölf kommt man ins Bett, drei bis vier Stunden Schlaf. Aber dafür gibt's keine Rente! „Sie haben ja nichts gearbeitet!"
(Ottakringer Lesebuch, Was hab' ich denn schon zu erzählen, Wien, Köln, Graz 1988)

Ähnlich wie bei *Berta Neumeister* ist die Situation bei Frau *Gremel*. Sie mußte mit neun Jahren in den Dienst und genoß keinerlei Berufsausbildung. Sie arbeitete hauptsächlich als Magd und Taglöhnerin unangemeldet und daher unversichert. Immer wieder wurde sie gekündigt, weil der Mutterschutz nicht angewendet wurde. Wie sie selbst darstellt, ist die Situation immer wieder als Bittstellerin dazustehen erniedrigend. Sie bezieht also eine kaum erwähnenswerte Pension, den anderen Teil erhält sie durch die Rente des Mannes und beides zusammen reicht noch immer nicht aus, um das Mindesteinkommen zu erreichen. So bezieht auch sie die Ausgleichszulage. (Ausgleichszulage im österreichischen Pensionswesen ist der Differenzbetrag zwischen Gesamteinkommen und Richtsatz des Existenzminimums: Erreichen Bruttopension und sonstige Nettoeinkommen des Pensionisten und seines im gemeinsamen Haushalt lebenden Ehegatten diesen Richtsatz nicht, zum Beispiel bei zu kurzer Versicherungsdauer oder zu geringen Beiträgen, so erhält der Versicherte einen Rechtsanspruch auf diese Ausgleichszulage.)

Ihre Arbeitsleistung wird im bestehenden österreichischen Sozialversicherungssystem nur insofern anerkannt, als es Arbeitgeber gegeben hat, die bereit waren, Kranken- und Pensionsversicherungsbeiträge zu zahlen. Die Einhaltung dieser Gesetze wurde jedoch, wie der Fall von Frau Gremel zeigt, immer wieder umgangen. So hatte sie nach einem arbeitsreichen Leben nur geringe finanzielle Mittel.

Frau *Hedwig Keinrath* wurde 1908 in Dietmannsdorf in Niederösterreich als Tochter eines Gastwirtes geboren. Im Zuge einer Erbschaft mußte der Betrieb geteilt werden und wurde dadurch 1912 verkauft. Sie war das jüngere von zwei Mädchen, besuchte in Gars am Kamp in Niederösterreich die achtjährige Volksschule und wurde ab 1925 in verschiedenen Hotels und Gastwirtschaften in Wien zur Köchin ausgebildet. 1934 heiratet sie den gelernten Kellner Anton Strohmeyer. Beide waren in den 30er Jahren wiederholt arbeitslos. 1942 bis 1945 arbeitete Frau Strohmeyer bei der Firma Henry-Radio, ein kriegswichtiger Betrieb, 1955 bis 1963 bei der Firma Schrack Elektrizitätsgesellschaft. Danach war sie ausschließlich im Haushalt tätig. Ihr

Mann schaffte nach dem Krieg den Aufstieg vom Hilfsarbeiter im Gaswerk zum Beamten.

Frau *Strohmeyer* erzählt:

„Wenn die Frau zu Haus bleiben muß und die Arbeit verliert, dann wird ihr ja heute die Zeit davon für die Pension angerechnet. Das ist bei uns, in unserer Zeit, ja nicht gewesen, das ist ja verfallen ... Wir haben ja auch schwere Zeiten mitgemacht: Arbeitslos – eine Zeit Arbeit – wieder arbeitslos. Da haben wir die Arbeitslosenhilfe gekriegt, dann Notstandshilfe, das war ja sehr wenig. Na und dann hat man wieder irgendwo einen Posten gekriegt. Dann ist der Krieg gekommen, mein Mann kriegsinvalid. Ich bin wieder eingesprungen, bin in einem großen Betrieb gewesen, war dort acht Jahre. Das hat man mir angerechnet. Aber dann bin ich ausgesprungen, weil ich hab am Band gearbeitet, und das ist keine leichte Arbeit. Ich war schon so narrisch, da hat der Mann gesagt: „Bleib daheim, das zahlen wir weiter." Jetzt haben wir weitergezahlt. Jetzt war ich aber erst fünfundfünfzig, jetzt mußte ich ja bis sechzig weiterzahlen. Das war für uns natürlich schon eine ganz schöne Summe, fünfhundert Schilling in drei Monaten. Das ist aber fünf Jahre so gegangen, da können Sie sich denken, wie man da arbeitet, und wir haben immer unheimlich sparen müssen ... Mein Mann ist nach Hause bekommen, war kriegsinvalid. Der Betrieb ist in die Luft gegangen, bei der Oper, alles zerstört. Er hätte ja nimmer arbeiten können. Da ist er ins Gaswerk, als Hilfsarbeiter. Was hat er gemacht? Er hat maturiert, ist höher gekommen, und das hat uns herausgerissen." (Gesprächsrunde an der Volkshochschule Ottakring „Gespräch zwischen Jung und Alt")

Beide hatten nach der Pensionierung eine eigene Rente. Das Ehepaar *Strohmeyer* nahm – durch zeitgeschichtliche Ereignisse immer wieder zum Umdenken gezwungen – bestehende Chancen wahr. Frau *Strohmeyer* trug zum Familieneinkommen bei und sprang, wie sie selber sagte, „ein und aus". Herr *Strohmeyer* konnte durch berufliche Fortbildung ein zufriedenstellendes Einkommen erreichen, das es ihm ermöglichte, die Beitragszahlungen für seine Frau zu leisten. Unter anderem waren diese Möglichkeiten gegeben, da die beiden keine Kinder hatten, das heißt nicht in Ausbildung etc. investieren mußten. Sie konnten in die eigene Alterszukunft investieren und planten diese Zeit gemeinsam. So hatten sie in ihrem Alter einen relativ zufriedenstellenden finanziellen Spielraum. Frau *Strohmeyer* war es jedoch nur durch den Aufstieg des Mannes möglich, Chancen wahrzunehmen. Sie selbst blieb Hilfsarbeiterin, konnte aber durch die Beitragszahlungen nach ihrem Berufsaustritt eine eigene Rente in Anspruch nehmen.

Vergegenwärtigen wir uns noch einmal die unterschiedlichen Situationen dieser drei Frauen. Alle drei Frauen sind ungefähr gleich alt. Alle drei hatten keine durchgängigen Versicherungszeiten. Die beiden, die einen Beruf erlernten, übten diesen nur kurzfristig und dann immer wieder mit Unterbrechungen aus, eine arbeitete als Hilfsarbeiterin, eine als mitarbeitende Ehefrau und eine im Taglohn oder teilzeitbeschäftigt. Die Altersversorgung aller drei Frauen ist im wesentlichen vom Lebenslauf und den Lebensentscheidungen des Mannes betroffen. Frau Neumeister und Frau Gremel erhalten ihre Rente nach dem Mann, ohne die sie fast ausschließlich auf die Ausgleichszulage angewiesen wären. Frau Strohmeyer erhält zwar eine eigene Rente, diese aber hauptsächlich deswegen, weil der Ehemann bereit war, die Beiträge selbst zu zahlen und weil sie im Gegensatz zu den beiden anderen Frauen kinderlos blieb. Diese drei Biographien zeigen sehr deutlich, wie finanzielle Möglichkeiten im Alter mit den Lebensgeschichten verbunden sind.

Einschneidend wird die finanzielle Benachteiligung dort empfunden, wo sie im direkten Zusammenhang mit sozialen Beziehungen steht. Der idealistischen Vorstellung einer Freundschaft, in der Geld „keine Rolle spielt", oder einer Familie, in der man um seiner selbst Willen eingeladen wird, steht die Lebenspraxis alter Menschen gegenüber.

Berta Neumeister erzählt darüber:

„Ich komme mit meiner Mindestpension aus, nur kann ich nichts mehr geben. So bin ich auch nicht mehr erwünscht. Ich habe viele liebe, gute Freunde, wirklich wertvolle Menschen, so daß ich meine Familie nicht so sehr vermisse. Mit Dank haben mein Mann und ich nie gerechnet, das Wort „Undank" gibt es bei mir nicht.

Doch würde es mich freuen, ich könnte an ihren Freuden und Kümmernissen teilhaben. Dann wäre mein Leben ein erfülltes."

Wie ich dann geheiratet habe, war alles anders – Freundschaften im Alter

Ein die Lebensphasen bestimmendes Feld ist jenes der sozialen Beziehungen und Bindungen, einfach gesagt: der Freundschaften und Lieben. Welche Freunde und Freundinnen, welche Partner und Partnerinnen begleiten mich in meinem Leben? Welche Fähigkeiten habe ich, im Alter neue Freunde zu finden?

Gemeinsame Pläne nach dem Motto: „Wenn wir dann einmal in Pension sind, dann ...!" werden hinfällig, wenn der Partner oder wesentlich seltener die Partnerin stirbt oder jahrelang schwer krank und pflegebedürftig ist. *Leopoldine Friedl*, 1911 in Wien geboren, heiratete 1931 und wurde nach 45 Ehejahren 1976 Witwe.

Leopoldine Friedl erzählt:

„Schauen Sie, das ist eigentlich sehr schwer gesagt: „Wenn ich in Pension geh, das und jenes werde ich machen." Denn es kommt meistens anders. Ich hab vierundvierzig Dienstjahre gehabt, und ich wär noch zehn Jahre geblieben. Ich habe einen sehr schönen Posten und ein gutes Gehalt gehabt. Und? Im Krieg einen Herzinfarkt, und es kommt ein Weiterarbeiten nicht in Frage. Was mach ich dann mit meinen Plänen? Ich muß praktisch, wenn ich krank bin und ich bin in Pension, neu anfangen mit allem. Was mir der Arzt erlaubt, was mein Herz noch und meine Nerven übriglassen für die Pension. Also ich sag, man soll nie mit guten Vorsätzen gehen, sondern man soll es nehmen, wenn es kommt, und aus dem dann das Beste machen. Von hundert Mal sind neunzig Mal anders, als man's sich's vorgenommen hat. Auch mein Mann hat sich vorgenommen: „Jetzt werden wir genießen, unsere Zeit." Und was war? Ich war ein paar

Tage zu Haus aus dem Spital, da ist er gestorben. Wir haben uns so viel vorgenommen, wir werden uns die Welt a bißl anschauen. Und i sitz jetzt allein." (Gesprächsrunde an der Volkshochschule Ottakring „Gespräch zwischen Jung und Alt")

Vor allem Frauen stehen plötzlich nach langen Ehejahren allein da. Die Kinder sind aus dem Haus, haben ihre eigene Familie, und es ist nun niemand mehr da, mit dem man die Probleme des Alltags teilen kann, mit dem man das Leben gemeinsam gestaltet. Nicht immer bedeutet der Verlust des Partners oder der Partnerin das vorläufige Ende zukünftiger Lebensperspektiven, sondern manchmal eher das Gegenteil.

Erna Stoiber; Jahrgang 1909, gelernte Schneiderin, nach der Heirat Hausfrau:

„Bei uns war es wieder so, mein Mann war doch freischaffend, und er hat doch müssen zur Kunde gehen, und da hab ich nur geschaut, daß er einen schönen Anzug hat, daß er ein tadelloses Hemd hat, weil er kriegt ja keinen Auftrag, wenn er wie ein Sandler dorthin kommt. Ich war immer ganz einfach, hab mir immer alles zusammengenäht, hab mir immer von alten Sachen neu gemacht. Dann hat er beruflich auf den Filmball gehen müssen. Na was war? Ich bin schön zu Hause geblieben, weil ich hab ja kein Abendkleid gehabt. Er hat sich einen Frack ausgeborgt und hat müssen hingehen, und da hab ich immer nur geschaut, daß er schön war. Ich hab nie was gehabt. Erst wie ich dann Witwe geworden war. Ich hab nie was gehabt. Erst wie ich dann Witwe geworden bin, haben die Leute gesagt: „Jö, Frau Stoiber, sie sind jetzt so elegant angezogen, ja immer waren sie so armselig!" Naja, ich bin beim Herd gestanden, hab brav gekocht, hab die Buchhaltung gemacht, ich war ja so brav und bescheiden, ich hab ja gar nichts gebraucht, nur mein Mann, er verdient, er muß ja was haben, ich brauch gar nichts. Ich hab ein Stückl Blunzn (Blutwurst) gegessen, und ich hab ihm einen Schinken gekauft, und so haben wir gewirtschaftet. Zuerst hat er alles haben müssen. Ich hab immer zurückstehen müssen, weil ich kann ja nicht etwas verlangen von ihm, wenn ich nichts verdiene. Ich hab ein Buch gelesen „Eine Frau fürs schlechte Wetter", das war ich in meinem ganzen Leben, und erst seit ich allein bin, ist es anders." (Aus einer Gesprächsrunde)

Der Tod des Partners und weitaus seltener der Partnerin erfordert in jedem Fall eine Neugestaltung des Lebens. Nun wird deutlich, wie sehr Beziehungsfähigkeit im Lauf des Lebens erworben wurde. Die geschlechtsspezifische Rollenzuweisung des inner- und außerhäuslichen Bereichs bekommt in dieser Situation besondere Relevanz. Um es salopp formuliert auf den Punkt zu bringen: Die Witwer können sich nicht versorgen, und die Witwen haben Schwierigkeiten, Freunde und Freundinnen zu finden. Die Kompetenz oder Inkompetenz Beziehungen im Alter aufrechtzuerhalten oder neu zu beginnen, können aus den vorherigen Beziehungserfahrungen der Menschen erklärt werden. Bei *Erna Stoiber* führte die Heirat zur vorläufigen Konzentration auf den Ehemann und Haushalt. Erst als auch die Freunde jeweils eine Lebensgemeinschaft gründeten, war es wieder möglich, miteinander Kontakt zu haben.

Erna Stoiber:

„Also mein Mann hat gesagt, na jetzt bleiben wir allein, der hat wollen nicht die ganzen Leut, beim Verein sind wir mitgegangen, und da hat er gesagt: Nana, jetzt geh ma allein. Er war eifersüchtig sozusagen auf die anderen. Und dann haben sie natürlich alle geheiratet, und da waren wir zehn Paare zusammen." (Aus einer Gesprächsrunde)

Frau *Müller*, Jahrgang 1907, gelernte Weißnäherin, verheiratet, zwei Töchter, nach der Heirat Hausfrau, erzählt:

„Ich erinnere mich, ich habe eine dicke Freundin gehabt in der Volkshochschule in Dornbach, das waren zwei Schwestern und eine ist mit mir und meiner lieben Schwester in die Schule gegangen, also wir waren wirklich, wir haben uns so gerne gehabt, und dann habe ich mit 18 – wir sind miteinander in die Hauptschule und zusammen in die Nähschule gegangen – und dann hab ich mit 18 meinen Mann kennengelernt, und er war 21, er hat schon studiert und da war sie fort ... Da hab ich gesagt, ich hab morgen ein Rendezvous, sie war wie aus allen Wolken gefallen, aus, sie war fort ..." (Aus einer Gesprächsrunde)

Maria Pribil, Jahrgang 1909, ungelernte Arbeiterin, verheiratet, eine Tochter, in der Ehe Hausfrau, nach der Scheidung in den 50er Jahren wieder berufstätig, um überhaupt den Lebensunterhalt zu verdienen, berichtet:

„Ich hab nie eine Freundin g'habt, ich bin mit lauter Buam aufgewachsen, ich hab vier Brüder g'habt und war allein das Mädel. Ich hab nie eine Freundin g'habt, ich bin mit meinen Brüdern überall hin, ich hab des nicht gekannt, ja die haben auf mich aufgepaßt und wie ich geheiratet habe, wars aus." *(Aus einer Gesprächsrunde)*

Frauen dieser Generation haben häufig die Erfahrung gemacht, daß durch die eigene Heirat oder die der Freundin, Beziehungen und Freundschaften beendet wurden. Das Kennenlernen eines möglichen Ehepartners und die darauffolgende Heirat ist also, was die Möglichkeiten und Fähigkeiten außerfamiliärer Beziehungen betrifft, für die Frauen ein lebensgeschichtlich bestimmender Einschnitt. Die geschlechtsspezifisch sozialisierte Beziehungskompetenz wird dann nur spezifisch im Rahmen der Familie genützt und eingesetzt. Sie ist ausschließlich nach innen, auf den häuslichen Bereich ausgerichtet. Der Tod des Ehepartners oder die Trennung verändert die ausschließlich aus Ehepaaren bestehende Beziehungsstruktur.
Erna Stoiber:

„Dann ist mein Mann gestorben, und das war dann so: Da hat es geheißen: „Na selbstverständlich, Frau Stoiber, kommen Sie nur zu uns." Meistens der Mann, die Frau hat schon aufgestellte Haar gehabt – weil eine die allein ist, Gott behüte, die hat's auf meinen Mann abgesehen. Also kurz die ganzen Ehepaare, das ist alles auseinandergebrochen." *(Aus einer Gesprächsrunde)*

Als Witwe, also plötzlich als alleinstehende Frau aufzutreten, erfordert eine veränderte Lebenspraxis. Die in Freundschaften verschobene Personenkonstellation kann zu Unbehagen und Ressentiments führen. Seit Jahrzehnten nahezu unveränderte Freundschaften existieren nun nicht mehr. Die Kompetenz, neue

Lebenspartner oder Freunde und Freundinnen zu finden, muß wieder erlernt und eingeübt werden. Die Initiative, neue Freunde und Freundinnen zu finden, sich in öffentliche Räume zu begeben, ist der erste Schritt, wieder Beziehungen zu knüpfen. Oft treten jedoch ähnliche Probleme auf wie bei Frau Stoiber.

Maria Pribil erzählt über ihre Erfahrungen:

„Da hab ich mir gedacht, gehst auch einmal in einen Club, schaust rein. Dann bin ich in einen Pensionistenclub reingegangen, und die Dame hat zu mir gesagt: „Na da können Sie nicht bleiben, weil da müssen Sie sich beim Magistrat anmelden, wir sind schon übervoll, gehen sie auf Magistrat, vielleicht kriegen sie was, aber heute können Sie dableiben. Setzen Sie sich dort hin." Na ich hab mich dort hingesetzt, da ist ein Mann und eine Frau gesessen, und die hat mir einen Kaffee gebracht, und die Frau neben mir sagt gleich: ‚Aber das sie es wissen, das ist mein Mann'." (Aus einer Gesprächsrunde)

Abgeschreckt durch solche und ähnliche Erfahrungen setzen sich viele dem Lernprozeß nicht mehr aus. Kontaktpersonen, die aus dem traditionellen sozialen Gefüge stammen, wie Familienmitglieder und Verwandte, sterben mit der Zeit. Die ausschließliche Konzentration auf familiäre Beziehungen bedeutet die Vernachlässigung und den Verlust von Kompetenzen in außerfamiliären Beziehungen. Die fehlende Hilfestellung, sich Beziehungskompetenzen im Alter zu erwerben, ist eng mit den fehlenden Möglichkeiten verknüpft.

3. Wie Lebenserfahrung verarbeitet wird

Die Berücksichtigung individueller Lebenserfahrungen in der Arbeit mit alten Menschen hat sich im Laufe der Jahre allmählich durchgesetzt. Um das „biographische Verfahren" jedoch nicht zu einer beliebigen und unreflektiert angewandten Methode werden zu lassen – schnell angeeignet und verbraucht – ist es unerläßlich, daß wir uns mit unserer eigenen Biographie auseinandersetzen, mit den Perspektiven unseres Lebens. Nur so können wir mit anderen erfolgreich dazu arbeiten.

Lebenserfahrungen als persönliches „Eigentum"

Vom Anbeginn unserer Existenz sammeln wir Lebenserfahrungen. Die Eindrücke und Erlebnisse der frühen Kindheit bleiben unserem bewußten Zugriff zwar weitgehend verborgen, nichtsdestotrotz aber bestimmen und beeinflussen sie unseren weiteren Lebensweg bis zum Ende. Spätestens seit der Lehre von Sigmund Freud wissen wir von diesen Prägungen unserer Persönlichkeit.

Menschen, die sich aufgrund ihres psychischen Leides in psychotherapeutische Behandlung begeben haben, können manches Mal den Schleier, der über ihrer frühen Kindheit liegt, ein wenig lüften. Sie entdecken dann staunend Zusammenhänge zwischen Schwierigkeiten, die sie in der Gegenwart beherrschen und frühen Kindheitserlebnissen. So prägt z.B. die Verläßlichkeit und Sicherheit, die uns unsere Eltern geben konnten, unser Vertrauen in unsere Umwelt, stattet uns mit einem tiefen Gefühl des Aufgehobenseins aus, auch wenn dieses Vertrauen durch spätere Krisen immer wieder erschüttert werden kann.

Doch wir brauchen nicht den Weg der Psychotherapie zu beschreiten, um für uns selbst prägende Ereignisse in unserem Leben herauszufinden. So träumen Erwachsene immer wieder vom Krieg, von Bombennächten, spüren darin die eigene Betroffenheit, obwohl sie zu dieser Zeit noch Säuglinge waren. Andere werden durch einen ganz bestimmten Duft an Begegnungen mit der Großmutter erinnert, die völlig vergessen schien.

Es geht offensichtlich nichts verloren. Jahr um Jahr speichern wir Erfahrungen. Der Körper, der Geist, die Seele bewahren es auf. Eine Unmenge von Informationen verknüpft mit Gefühlen, die wir jedoch nur zu einem Bruchteil bewußt zur Verfügung haben, die unter Umständen assoziativ abrufbar sind oder aber für immer verborgen bleiben.

Alle diese Erfahrungen sind kleine unscheinbare oder große Steine, aus denen sich das Mosaik unseres Lebenslaufes zusammensetzt. Als Erfahrungen verdichtet, formen sie unser Selbstbild, unsere Einstellungen zum Leben. Selbst aktuelle Ereignisse, die uns von außen ohne unser unmittelbares Zutun übergestülpt werden, werden von den in uns gespeicherten Erfahrungen erreicht, ohne daß wir diese Verbindung so ohne weiteres entschlüsseln könnten. Sie bestimmen mit, wie wir z.b. die Geburt eines Kindes, Hungersnöte, Krieg, Rassismus, Gottesdienste, Demonstrationen und ähnliches einordnen, bewerten und bewältigen. Sie bestimmen unser Handeln, sie färben unsere Erwartungen an die Zukunft, unsere Hoffnungen und Befürchtungen.

Selbst wenn es uns gelänge, in den Tag hinein zu leben, uns nicht zu kümmern, was gestern war und was morgen sein wird, so können wir diese allgegenwärtige Dimension unseres Lebens zwar willentlich ausklammern, niemals aber abschütteln.

Es gibt viele Auslöser, durch die wir mit unserer eigenen Geschichte, der ganz persönlichen und der gesellschaftlichen, in Kontakt treten können: Literatur – manchmal nur ein Satz, ein Film, eine Ausstellung, Musik, ein Tagebuch und eben vielleicht ein Geruch, ein Geschmack.

Aber wenn von einer früheren Vergangenheit nichts existiert nach dem Ableben von Personen, dem Untergang der Dinge, so werden allein, zerbrechlicher aber lebendiger, immateriell und doch haltbar, beständig und treu Geruch und Geschmack noch lange wie irrende Seelen ihr Leben weiterführen, sich erinnern, warten, hoffen, auf den Trümmern alles übrigen und in einem beinahe unwirklich winzigen Tröpfchen das unermeßliche Gebäude der Erinnerung unfehlbar in sich tragen.

(Marcel Proust, in: Swanns Welt. Auf der Suche nach der verlorenen Zeit)

Mit allen Sinnen können wir uns, oft ganz unvermutet, in unsere Vergangenheit zurückversetzen.

Die meisten unserer Erinnerungen an unser bisheriges Leben laufen in unserem Innern ab, vor unserem „geistigen Auge". Sie drücken sich als – manchmal nur diffuses – Gefühl aus, das uns z.b. nach einem unter Umständen gar nicht mehr erinnerlichen Traum froh oder niedergeschlagen den Tag begleitet. Oder sie bilden sich, von uns meist nicht entschlüsselbar, im Körper ab, im schleppenden Gang, im gebeugten Rücken, in den Falten des Gesichts.

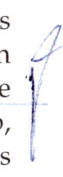

„*Und zum ersten Male in all den Jahren erzählte der alte Mann seine Geschichte. ,Diese Zähne sind nicht von allein herausgefallen. Sie sind mir ausgeschlagen worden. Diese Narbe, die mein Gesicht durchzieht – das war kein Unfall. Meine Lunge, mein Bein ... ich verletzte es, als ich aus dem Gefängnis floh, die Mauer war sehr hoch, und unten lagen Glasscherben. Ich habe noch andere Narben, die du nicht sehen kannst. Narben an meinem Körper, aber nicht nur an meinem Körper, Narben, die niemand sehen kann.' Die Strahlen des glühenden Steines erleuchteten die hohen Backenknochen im Gesicht des Alten und entzündeten Funken in seinen Augen. ,Wenn ich den Stein zerschlage, verschwinden alle diese Narben. Aber diese Narben sind Ausweispapiere, verstehst du? Die Beweise meines Lebens. Ich sehe mich im Spiegel an und sage: Das bin ich, und ich bin nicht traurig. Ich habe lange Zeit gekämpft. Der Kampf für die Freiheit ist ein Kampf ohne Ende. Jetzt sind es andere, die kämpfen, dort weit weg von hier. Sie kämpfen so, wie auch ich gekämpft habe. Mein Land und mein Volk sind immer noch nicht frei. Verstehst du? Das möchte ich nicht vergessen. Ich kann den Stein nicht zerschlagen, denn das wäre ein Verrat'."* (Eduardo Galeano, Die Geschichte vom brennenden Stein, Wuppertal 1983, ohne Seitenzahl)*

Dieser innerliche Prozeß ist sicher nicht ein bloßes Erinnern, nicht allein der kühle, leidenschaftslose Blick in die „Sammelkiste". Wir setzen uns vielmehr, mehr oder weniger bewußt, mit unseren Erinnerungen auseinander, schöpfen Kraft und Hoffnung aus ihnen, versuchen sie als lästig oder bedrängend zur Seite zu schieben, konfrontieren sie mit den Ereignissen der Gegenwart, schätzen sie auf ihre Bedeutung für (unsere) Zukunft ab. Wir brauchen nur an den inneren Film zu denken, der morgens in Sekunden beim ersten Blick in den Spiegel in uns abläuft, den neuen Tag vor Augen und die Erfahrungen und Ereignisse unseres vergangenen Lebens im Rücken.

Nur selten ist uns bewußt, daß unsere Lebenserfahrungen in uns allgegenwärtig sind, unser Lebensgefühl, unsere Bilder vom Leben beeinflussen.

Wir haben das Bedürfnis und die Fähigkeit, uns vor der Flut unserer Erinnerungen zu schützen, vieles zu vergessen, zu verdrängen, was allzu schmerzhaft ist, was nicht in unser Selbstkonzept paßt, was uns unwesentlich erscheint. Und wir haben auch das Recht, unsere Erinnerungen vor der Neugier, vor den Einblicken anderer zu schützen. Unsere Lebenserfahrungen sind unser ganz persönliches Eigentum, das wir zwar nicht geizig, aber auch nicht verschwenderisch mit jedwedem teilen müssen (selbst vor Gericht haben wir das Recht, Aussagen zu verweigern). Die meisten Menschen finden ihre Balance zwischen „für sich behalten" und „teilen" und wägen ihre Bereitschaft zum Erzählen situations- und personenbezogen ab.

In der flüchtigen Bekanntschaft von Bahnreisen und Krankenhausaufenthalten sind schon manche Lebensbeichten erfolgt. Andererseits braucht es nicht selten einer über Jahre gewachsenen Vertrauensbeziehung, um trost-lose Erfahrungen preiszugeben. Manche „Bilder" bleiben jedoch für immer verborgen, weil ihre „Besitzer" keine Worte für sie finden, z. B. für Erfahrungen in extremen Lebenssituationen (Konzentrationslager, Folter).

Lebenserfahrung im Austausch

Die Überlegungen zum Schutz des persönlichen Eigentums „Lebenserfahrungen" stehen allerdings nicht im Widerspruch zu dem Wunsch und den bereichernden Möglichkeiten ihres Austausches.

Nicht „umsonst" verbringen wir viel Zeit damit, im Dialog mit einem anderen Menschen oder in kleinen Gruppen uns wechselseitig aus unserem Leben zu berichten. Anekdoten sind es häufig, die sich im lockeren Gespräch assoziativ aneinanderreihen, nicht selten mit dem Wunsch verbunden, ein wenig von unserem Selbstbild hervorlugen zu lassen, uns bei den Zuhörenden ins rechte Licht zu rücken.

Doch im vertrauteren Kreise verweben sich einzelne Erinnerungen und Ereignisse zu Lebenserfahrungen, für die wir uns wechselseitig mit Herz und Verstand öffnen, sie mit Neugier und zugewandter Aufmerksamkeit begleiten.

Im Wechsel von Erzählen und Zuhören, von Fragen und Antwortversuchen tauchen nicht selten vergessene Erfahrungen wieder auf, z.B. die beengten Wohnverhältnisse der Kindheit oder die „zweite Liebe", Knecht Ruprecht in der Volksschule. Meist fragen wir uns dann, warum wir gerade das vergessen haben und finden – vielleicht im Dialog mit den anderen – eine die Mechanismen des eigenen Selbstkonzepts erhellende Antwort.

Mythen über die eigene Geschichte können sich im Austausch der Lebenserfahrungen auflösen, z. B. der weitverbreitete Mythos über die schöne Kindheit, die Kameradschaft der Soldaten, die endlose Grausamkeit der Schule – Mythen, die die „anderen Seiten" der Ereignisse bedeckt halten.

Festgefahrene Bilder verflüssigen sich, geben den Blick frei auf die Vielfältigkeit einer jeden Lebensepoche. Und plötzlich erinnert man sich wieder, daß der Vater nicht nur Schläge verteilt, sondern jeden Sonntag spannende Streifzüge durch Wiesen und Wälder gemacht hat.

Mythen über das eigene Leben sind einerseits sehr barmherzig, schützen sie uns doch vor unerträglichen schmerzhaften Erinnerungen, andererseits lassen sie uns unter Umständen an Bildern festhalten, die unsere Lebens- und Entfaltungsmöglichkeiten in der Gegenwart erheblich einschränken und unsere Perspektive für die Zukunft beengen.

Eine 48jährige Frau erinnert sich während einer Kur in der Gesprächsgruppe an ihr Jugendzimmer und entdeckt – was sie völlig vergessen hatte, daß sie in diesem Zimmer sehr viel Kreativität entwickelt hatte. In der Zwischenzeit hatte sie als langjährige Hausfrau und Mutter von fünf Kindern den Zugang zu diesem Aspekt ihres Lebens verloren. Jetzt schöpft sie wieder Mut zum Malen, beginnt ihre eigenen Werke anzuerkennen.

Ein 37jähriger Mann lebt mit dem Bild eines überfordernden Vaters und läuft Gefahr, diese Überforderung nun seinerseits an seinen Erstgeborenen weiterzugeben. Im Gespräch mit seinem Freund wird er seiner spielerischen Seite gewahr, die in seiner Kindheit und Jugend ebenfalls Raum hatte, verkörpert in seinem lebenslustigen Großvater. Er beginnt, seine Strenge zu mildern. Das Foto seines Großvaters hängt seit kurzem an seiner Wand. Wir haben jedoch nicht nur „Lücken" in bezug auf unsere eigene Geschichte, sondern auch auf unser historisches Wissen. Dabei geht es weniger um die Ergänzung von unzureichender Geschichts- und Gegenwartskunde, obwohl auch dieses spannend sein kann. Das Interesse und die Spannung wachsen noch, wenn wir die historisch-gesellschaftlichen Ereignisse mit unserer eigenen Biographie in Verbindung bringen. Das gilt in erster Linie für die Geschichte, die während unseres Lebens abgelaufen ist, aber auch für das vorgängige kulturelle und historische Erbe, das wir in einem lebenslangen Sozialisationsprozeß ebenfalls in uns aufnehmen.

Es ist sehr erhellend, sich gemeinsam darüber Gedanken zu machen, was sich um uns herum abspielte, als wir uns in der Jugendphase ausprobierten und uns mit unseren Eltern anlegten. Welche politischen Ereignisse beherrschten die Zeit, welche Werte und Normen?

Wir entdecken Zusammenhänge: Das von Ängsten begleitete Lebensgefühl eines Kindes in der Ungarn- und Suez-Krise, so kurz nach dem zweiten Weltkrieg, das bei der erwachsenen Frau anläßlich schwerer internationaler Konflikte sich wieder elementar meldet. Oder: Die Wirkungen der 68er Revolution und Frauenbewegung auf die eigenen Lebensentwürfe und ihre Nachwirkungen bis in die Gegenwart.

Wir nehmen so die Komplexität unseres individuellen Lebens wahr, verstehen besser, wovon wir (an)getrieben werden.

Staunend stehen wir im Austausch unserer Lebenserfahrungen mit anderen Menschen vor der Vielfältigkeit der sich uns eröffnenden Biographien und Lebensentwürfe. Sie bereichern unser Leben, erweitern unsere Horizonte, machen Mut, unter Umständen auch einmal aus der Spur zu laufen.

Wir entdecken gleichzeitig sehr viel Parallelität, die uns ein Gefühl von Solidarität vermittelt, uns entlastet, und unsere eigene Bürde leichter erscheinen läßt.

Lebenserfahrung im Austausch zwischen Alt und Jung

Die vorangegangenen Überlegungen gelten natürlich auch für die Begegnung zwischen den Generationen. Daß hierzu ein gesonderter Abschnitt verwendet wird, liegt wohl daran, daß alte Menschen mit den jungen nicht mehr so selbstverständlich und alltäglich in Kontakt kommen (können).

Finden Begegnungen dennoch statt, zufällig, aus Interesse und Neugier „inszeniert", oder auch als Folge von Konflikten, so können sie bereichernd sein oder mühselig, interessant oder auch ärgerlich, ebenso wie andere Kontakte auch. Was uns faszinieren aber auch hemmen kann, ist das Stück Fremdheit, das uns in den Erzählungen und Einstellungen anderer Generationen entgegenkommt. Häufig müssen wir auch eine Menge von Vorurteilen und Stereotypen, die wir uns wechselseitig zuschreiben, überwinden, ... daß die Alten so stur, verkalkt, konservativ – eben „Friedhofsgemüse" sind und die Jungen laut, verantwortungslos, pflichtvergessen.

Im Kontakt über Lebensgeschichten lösen sich häufig solche Stereotypen auf bzw. werden aus den jeweiligen Lebenszusammenhängen deutlich. (Sparsamkeit und sorgsamer Umgang mit materiellem Besitz kann in einer Überflußgesellschaft, in der der Konsum „auf allen Kanälen" gepredigt wird, nicht mehr die existentielle Bedeutung haben wie in Kriegs- und Nachkriegszeiten.)

Viele Themen, die unser Leben begleiten, wiederholen sich von Generation zu Generation, viele lebensbestimmenden Entscheidungen müssen immer wieder getroffen werden. Schauen wir hinter die Kulissen der so verschieden erscheinenden Lebensläufe, entdecken wir doch auch sehr viele Gemeinsamkeiten: Erfahrungen von Geburt und Tod, Heirat und Scheidung, Liebesleben und Beruf, Krieg, Einsamkeit, ... Wir staunen über die Wiederkehr dieser existentiellen Themen, trotz veränderten Erscheinungsbildes.

„Die Hoffnung lebt aus der Erinnerung. Wir erzählen die Geschichten der Alten und die Geschichten der Geschwister nicht vorrangig mit Verwertungsinteressen, so als könnten wir die Modelle der Arbeit und des Kampfes als unsere übernehmen. Wir erzählen sie, weil wahrgenommene Radikalität die eigene Radikalität stärkt; weil erinnerte Träume die eigenen Träume schärfen." (Fulbert Steffensky, Wo der Glaube wohnen kann, Stuttgart 1989, S. 38)

Wir lernen im Austausch zwischen den Generationen wechselseitig den situativen und persönlichen Kontext, in dem unsere Entscheidungen, Handlungen und Einstellungen stehen, respektvoll zu begreifen. Heftige Auseinandersetzungen und Streit um Sichtweisen, Positionen, das Ringen um gegenseitiges Verstehen ist inbegriffen, denn wir werden niemals alle Fremdheiten – trotz größten Bemühens – auflösen. Oft wird ein Kopfschütteln, manchmal der Bruch der Beziehung zurückbleiben.

In der Begegnung unterschiedlicher Generationen stellen sich Kontinuitäten her. Das geschichtlich-kulturelle Erbe, das weitergegeben und verwandelt wird, wird sichtbar. Besonders deutlich ist das innerhalb von Familien. Dort wird z.B. nicht nur die alte Taschenuhr des Großvaters an den jeweils erstgeborenen Jungen weitergegeben, sondern auch ideelle Werte, wie die Verbundenheit mit der Arbeiterbewegung oder aber Hausfrauentugenden an die Mädchen und Bilder von der „natürlichen Bestimmung der Frau" zur Mutter. Solchem Erbe gegenüber mag man sich heftig zur Wehr setzten bis hin zu ganz anderen Entscheidungen, aber wirksam bleibt es doch.

Aber nicht nur familiengebunden können wir solche Entdeckungen machen. Auch Ideologien, die die Gesellschaft „vor unserer Zeit" bestimmt haben, prägen unser gegenwärtiges Leben. Das Offensein für diese Kontinuitäten lädt zu Fragen und erhellenden Diskursen zwischen den Generationen ein.

Eine 40jährige Frau entdeckte erst im Gespräch mit einer ihr zuvor unbekannten 69jährigen Frau, die aus ihrer Jugend in der Zeit des Dritten Reiches und ihrer Mitgliedschaft im BDM (Bund

Deutscher Mädchen) erzählte, daß sie von Menschen umgeben ist und erzogen wurde, die entscheidend vom Nationalsozialismus geprägt wurden, und welche Auswirkungen dieses „kulturelle und politische Erbe" auf ihren eigenen Lebensweg hat. (Eine Literaturangabe zu dieser Thematik: Peter Sichrovsky, Schuldig geboren – Kinder aus Nazifamilien, Köln 1987)

Die Begegnungen zwischen Alt und Jung erweitern insgesamt das Netz sozialer Beziehungen, lehren uns einander achten, auch das, was uns am anderen fremd erscheint, und lassen uns das Leben als Kontinuum betrachten. Die Jungen erfahren – belastend und befreiend – in welcher Tradition sie stehen. Die Alten nehmen die Menschen in den Blick, die ihre Werke, Hoffnungen und Wünsche weiterführen.

„Geschlagen ziehen wir nach Hause, die Jungen fechten's besser aus!" So hieß es in einem Lied aus dem Bauernkrieg und nimmt Bezug zu den immer wiederkehrenden Sehnsüchten der Menschheit nach Befreiung.

Aus den vorangegangenen Überlegungen wurde vielfach deutlich, daß die Auseinandersetzung mit der eigenen Geschichte weniger ein Hobby ist, dem Sammeltrieb folgend, sondern vielmehr Anstöße gibt, Hilfe leistet zum persönlichen Wachstum. Wir sind keine Fahne im Wind, die unmittelbar in wechselnden Windrichtungen seiner Vehemenz gehorcht. Unser Leben, unsere Persönlichkeit, unser Denken, unsere Moral, unser Handeln, unsere Gefühle speisen sich aus vielen Quellen.

Die Komplexität dieses Bedingungsgefüges werden wir niemals durchschauen. Doch wenn wir uns öffnen für diesen „historischen Blick" und nicht einfach eine dicke Mauer zwischen unserem gegenwärtigen Leben und unserer Vergangenheit einziehen, werden wir viele Entdeckungen machen, die unser Leben weniger als einen Flickenteppich von Zufälligkeiten und Schicksalsschlägen erscheinen läßt, sondern vielmehr als ein Ganzes, eben unser ganz persönliches, unverwechselbares Leben.

In Konfrontation mit der gegenwärtigen Lebenssituation kann das Erinnern, das Vergegenwärtigen vergangener Lebenssituationen und Ereignisse

▶ überholte, untaugliche, ja sogar behindernde Einstellung, Handlungs- und Konfliktmuster auflösen.

Beispiel: Das in der früheren Ausbildung und Tätigkeit als Krankenschwester antrainierte und angemessene Verhalten bezüglich Hygiene und Ordnung entpuppt sich als überflüssig und hinderlich für die Gestaltung des Alltags als Hausfrau und Mutter. Wieviel Energie und Zeit geht an das Ordnen verloren und beschneidet die Freiräume.

▶ verborgene verschüttete Lebensenergien, Lebensmöglichkeiten freisetzen.

Beispiel: Alte Geschichten vom heftigen Trotz, dem frechen Verhalten des Kindes, immer wieder von den Eltern zum Besten gegeben, lassen aus einer anderen Perspektive eine Widerstandskraft entdecken, die dem Kind im Zuge seiner Jugendzeit unter dem anhaltenden Druck von Autoritäten verlorenging. Als Erwachsene entdeckt sie, ausgelöst durch ein Kinderphoto oder durch ein Gespräch mit einer Freundin diesen möglichen Perspektivenwechsel, sieht wie auch diese Widerstandskraft ihr Leben durchzogen hat. Ihr wird es möglich, ihr Selbstbild vom „unterdrückten Kind", von der depressiven Frau langsam zu korrigieren, ihr Auftreten, ihr Verhalten zu verändern.

▶ dazu verhelfen, die eigene Zukunft in den Blick zu nehmen, Perspektiven zu entwickeln mit dem Ziel der Akzeptanz und Vollendung der eigenen Biographie.

Beispiel: Die erlebte Überforderung am Arbeitsplatz, die keinen Raum mehr läßt für die anderen Seiten des Lebens, für das Zusammenleben mit den Kindern, für die Pflege von Freundschaften, für politisches Engagement führt zu einem bilanzierenden Nachdenken. Welche Seiten meines Lebens habe ich bisher (über)betont? Welche Themen haben mich bisher gefangengenommen? Welche Stränge will ich weiterverfolgen? Welche Aspekte will ich noch entwickeln, damit mein Lebensweg sich abrundet? Der Wechsel des Arbeitsplatzes (wenn möglich) oder ein verändertes Engagement darin kann die Folge sein.

In vielen Verfahren der Psychotherapie wird dieses Konfrontieren der Gegenwart mit der Vergangenheit, diese „Wanderungen" zwischen gestern und heute, das die Zukunft projektiert, als therapeutische Methode zur Auflösung psychischen Leidens gewählt.

Die Auseinandersetzung mit der eigenen Geschichte, in unserem Verständnis, dieser Blick zurück zur Erhellung der eigenen Gegenwart, ist jedoch keine Therapie, sondern eine alltägliche Hilfe, unser Leben zu entfalten, sei es in individueller Reflexion, sei es im Austausch mit anderen. Und wer kennt nicht die Erleichterung, wenn wir uns alles einfach mal von der Seele geredet haben. Wieviel seelische Verkrampfung entsteht, wenn wir uns das nicht zugestehen (können) oder wir keinen Raum, keinen Gesprächspartner dafür finden.

Wie wir in einem vorangegangenen Abschnitt bereits dargestellt haben, ist die individuelle Geschichte immer eingebettet in eine gesellschaftliche. „Das Private ist politisch und alles Politische privat." Arbeitslosigkeit ist für Herrn M. ein privates Schicksal und muß als solches bewältigt werden und gleichzeitig die Folge von Rationalisierungen, nationalen wirtschaftlichen Rezessionen, Weltwirtschaftskrisen. Die Mißhandlung eines Kindes ist individuelles Unglück und steht gleichzeitig in der gesellschaftlich noch akzeptierten Tradition einer „schwarzen Pädagogik". Alter ist eine naturgegebene Phase des Lebens, die Möglichkeiten, diese Phase zu gestalten, aber sind abhängig von der gesellschaftlichen Bewertung, den Bildern und Vorurteilen.

Doch wir sind nicht einfach Opfer, Handlanger der gesellschaftlichen Verhältnisse und der Traditionen, sondern darin Handelnde und Mitgestaltende, so klein unser Beitrag auch sein mag. Mit unseren „veröffentlichten" und zur Diskussion gestellten Gedanken, unseren Aktivitäten, unseren Unterlassungen wirken wir an den Veränderungen der Welt mit, bewußt und aktiv, aber auch uns treiben lassend und passiv.

Ein aktives Einmischen in diese Welt wird alltäglich oft weniger ausgelöst durch ich-ferne, theoretische Überlegungen und Analysen über die Beschaffenheit, die „Mängel", die Brüche der Gesellschaft, in der wir leben, sondern zunächst durch individuelle Betroffenheit.

Frauen, die in der Reflexion ihres Lebens die Erfahrung von Benachteiligung, Unterdrückung ihrer Entfaltungsmöglichkeiten, ja sogar Gewalt spüren, werden sensibel für die Manifestationen von Unterdrückung der Frauen im allgemeinen, aber auch für die Unterdrückung anderer Gruppen. Von der Wahrnehmung dieser Strukturen, von der in Zorn verwandelten Verzweiflung gelangen viele zum Engagement, zu Solidarität mit anderen.

Große Teile der Bevölkerung in der Region von Frankfurt a.M. und Mutlangen machten sich erst ernsthafte Gedanken über Militarisierung, über „den Krieg als die größte Phantasielosigkeit der Menschheit" (Graffiti-Text), als ihre unmittelbare Lebenswelt bedroht war und Schreckensbilder von vergangenen Kriegen wachgerufen wurden. Sie wehrten sich und haben mit ihrem Engagement – auch wenn die Startbahn West letztendlich doch gebaut und die Protestierenden von Mutlangen vor Gericht gestellt wurden – ein Zeichen gesetzt, daß sich die Einstellungen vieler Menschen, auch aus der „schweigenden Masse", zu Krieg und Frieden, zu staatlicher Macht, zum notwendigen Engagement der Bürger verändert hat.

Unsere Lebenserfahrungen können uns auch den Weg zeigen, auf welche Weise wir uns – unseren ganz spezifischen Fähigkeiten und Möglichkeiten gerecht werdend – engagieren können, welche Fehler wir vermeiden sollten, welche irrationalen Ängste wir überwinden könnten. Wir brauchen dafür ganz sicherlich die Unterstützung und die Solidarität, sowohl für die Entdeckung und Reflexion der sich im Laufe einer Epoche bzw. eines Lebens wandelnden gesellschaftlichen „Sollbruchstellen" als auch für das aktive Sich-Einmischen.

„Das Leben ist zu kostbar, um es in Anpassung zu verschwenden", *erwidert die Türkin Ayse dem auf Zurückhaltung drängenden Landsmann in einer Diskussion um Ausländergesetze, Asyl und Abschiebung. (Sten Nadolny, Selim oder die Gabe der Rede, 1990, S. 384f.)*
Das Bewußtsein der Endlichkeit und Einmaligkeit unseres Lebens macht uns ungeduldig, uns mit individuellen und gesellschaftlichen Unzulänglichkeiten abzufinden.

4. Wie Lebensgeschichte erzählt wird

Über die Lebensgeschichte können wir in unterschiedlichsten Situationen ins Gespräch kommen: Beim Klassentreffen, in der Bahn, auf der Parkbank. Wie von selbst wird die Erinnerung an frühere Erlebnisse wach, und es kommt ein Austausch darüber zustande. In der Arbeit mit alten Menschen greifen wir also Fähigkeiten auf, die im Alltag gewonnen und gepflegt werden. Autobiographisches Erzählen gehört zu den Grundformen menschlicher Kommunikation:

„Wir erzählen uns wahre Geschichten, weil wir auf die Gemeinsamkeit einer Erfahrungswelt angewiesen sind, wenn wir uns in der Welt und im Handeln sozial wirksam orientieren wollen; wir erzählen uns Geschichten, um in Kommunikationen zu lernen, die je eigene Welt als eine gemeinsame Welt zu erfahren, und um zu gewährleisten, daß die Gegenwart, die uns im Erzählen kommunikativ umschließt, eine gemeinsame Vergangenheit (und Zukunft) hat." (Kurt Röttgers, *Geschichtserzählung als Kommunikation Text. In: Siegfried Quandt/ Hans Süssmuth, Historisches Erzählen, Göttingen 1982, S. 31)*

Fragen zur Lebensgeschichte ermöglichen daher allen die Teilnahme am Gespräch und machen sie nicht etwa abhängig von höherer Schulbildung. Welche Defizite alte Menschen auch haben mögen, das Langzeitgedächtnis hat viele Geschichten gespeichert. „Wenn ein alter Mensch stirbt, verbrennt eine Bibliothek", sagt ein afrikanisches Sprichwort. „Erinnerungsarbeit" bietet sich daher sogar als Training spezifischer Fähigkeiten an. Da sich alte Menschen im Erzählen von Geschichten durchaus mit jungen messen können, erhält diese Fähigkeit auch Bedeutung für die Öffentlichkeit.

Im Altenheim oder an der Volkshochschule kommen diese Fähigkeiten speziell älterer Menschen nicht ganz so selbstverständlich zum Zug. Wir wollen daher in diesem Kapitel einige Hinweise und Anregungen zu geplanten Gesprächsrunden geben. Den Erfahrungshintergrund dafür bilden vor allem Projekte in Wien-Ottakring und Wien-Hernals, in denen alte Männer und Frauen über Jahre hinweg Geschichten erzählt oder niedergeschrieben haben.

Wenn man sich auf das Erzählen und Zuhören einläßt, dann braucht man Zeit. Die Hauptfiguren aus 1001 Nacht zeigen, daß Geschichten auch helfen können, Zeit zu gewinnen.

Im Märchen von 1001 Nacht geht es um eine Frau, die Geschichte an Geschichte knüpft, und um einen Sultan, der sich fangen läßt von der Macht ihrer Erzählungen. Er kann nicht mehr aufhören, ihr zuzuhören und vergißt darüber sogar seinen Plan, sie ermorden zu lassen.

Der Fachbegriff des „narrativen Interviews" bedeutet auch soviel wie sich Zeit zu lassen, nichts zu suggerieren, vom bandschnellen Interview schließlich zum Gespräch zu finden. Durch Zeit und Offenheit der Fragestellung gelangt man am ehesten vom abgehackten Fragebogeninterview zum freien Fluß des Erzählens. Die Geschichte kann so stückweise noch einmal erlebt werden.

Frau *Gertrud Schweinecker*, geb. 1921, schildert ihre Erfahrungen:

„Ich würde sagen, daß es oft was Staunendes ist, daß es ein Stück Leben ist, das schon in Vergessenheit war, und das also jetzt wieder neu aufsteht. Ich glaub, ich hab das Gefühl, das ist irgendwie – es ist – in der Erinnerung ein Noch-mal-Erleben. Man erlebt noch einmal seine Jugend, seine Zeit in der Schule, und es – ich würde sagen, das ist eigentlich sowohl angenehm als auch manches Mal gruslig. Denn wenn ich solche Sachen mir überlege, welche Angst ich eigentlich ausgestanden habe, und heute muß ich darüber lachen, so ist es eigentlich ein gutes Gefühl, weil ich denk mir: ,Gott sei Dank, daß ich über das hinweg bin.' Aber damals war's für mich bestimmt sehr schwer."

Gespräche im Alltag in Form von Klatsch geben vor allem der Phantasie Halt und entlasten von inneren Spannungen. Klatsch lebt von Andeutungen, Gerüchten und Meinungen. Klatsch, wie wir ihn verstehen, gilt nicht der Spekulation, dem Meinungsaustausch über das Tun und Lassen anderer. Der Austausch über Lebensgeschichte nimmt die persönlichen Erinnerungen ernst und stellt sie in den Mittelpunkt des Gesprächs. Überdacht und in einen Zusammenhang gebracht, können Erinnerungen zu Erfahrungen verdichtet werden.

Die Erfahrungen der meisten Menschen mit Interviews beziehen sich meist auf Meinungsumfragen: „Was halten Sie von ...?" Das Mikrophon unter der Nase, unter dem Produktionsdruck der Massenmedien, bleibt meist nur Zeit für Allgemeinplätze über „die Jungen", „die Ausländer", „die Arbeitslosen", „die Familie", „das Alter" usw.

Ein gutes lebensgeschichtliches Gespräch läßt genügend Zeit zur Besinnung und trennt die Erfahrung von der Meinung. Biographische Erinnerungen sind immer rekonstruiert und daher keine 1:1 Abbildung im Sinne einer objektiven Wahrheit. Sie sind in hohem Ausmaß abhängig von der Gegenwart, der Gesprächssituation und daher auch der Meinung der erzählenden Person. Dennoch: Die Frage nach der persönlichen Erfahrung kann oft große Widersprüche zwischen der eigenen Meinung und der tatsächlichen Erfahrung zutage fördern. Viele alte Menschen haben in ihrer Kindheit und Jugend z.B. Streiche ausgeführt, die sie der „heutigen Jugend" als kriminell anlasten würden.

Ziel historischer Bildungsarbeit ist es, an solchen Widersprüchen zu arbeiten, sie bewußt zu machen. Voraussetzung ist die Trennung von Erfahrung und Meinung als durchgängiges Frageprinzip:

▶ Wie war es früher bei Ihnen/bei anderen?
▶ Wie haben Sie es damals beurteilt?
▶ Wie beurteilen Sie es heute?
▶ Wie ist es heute bei Ihnen/bei anderen?

Jeder Mensch hat eine Vergangenheit, ihre Reflexion ist der persönlichste Zugang zur Geschichte. Über sich selbst nachzudenken, bedeutet immer auch, über die Geschichte nachzudenken. Zunächst wird dabei sichtbar, daß jede Lebensgeschichte etwas Besonderes ist. Jeder Erzähler, jede Erzählerin darf sich in seiner, in ihrer Unverwechselbarkeit erfahren, denn „jeder macht Geschichte".

Jede einzelne Lebensgeschichte ist aber auch eingebunden in einen allgemeinen Zusammenhang. Individuelle Handlungen, Bedürfnisse, Meinungen etc. werden von politischen, wirtschaftlichen und kulturellen Rahmenbedingungen beeinflußt. Auch umgekehrt prägen die einzelnen Lebenswege die allgemeinen Verhältnisse. Wesentliches Ziel von Bildungsarbeit ist, entlang der eigenen Biographie diesen Zusammenhängen auf die Spur zu kommen.

Methodische Hilfestellungen gibt dafür der „kontrastierende Vergleich" einzelner Erinnerungen entlang der eigenen Lebensgeschichte in Hinsicht auf Generation, Milieu und Geschlecht.

5. Wie Lebensgeschichte geordnet werden kann

Erzählungen, Gespräche, kurze und längere Geschichten, eine Fülle von Material auf Tonbändern – zusammengetragen, in Heften zusammengefaßt – und es ist alles ein bißchen unübersichtlich. Da gibt es die eine oder andere spannende, interessante, lustige oder traurige Geschichte, da klingt eine Erzählung ganz unglaubwürdig: Daß es Kinderarbeit wirklich noch in Zeiten des Wirtschaftswunders gegeben hat? Wie alt war denn eigentlich Frau Müller als der Krieg begann?

Aber haben diese Geschichten wirklich etwas miteinander zu tun? Reiht sich da nicht Leben an Leben – ohne Verbindung? Lassen sich diese Lebenserinnerungen miteinander vergleichen? Wie läßt sich in das unübersichtliche Material ein bißchen Ordnung bringen? Es gibt viele Sichtweisen, nach denen man Lebenserfahrungen vergleichen kann. Eine Möglichkeit ist, Geschichten nach verschiedenen Gesichtspunkten, nach Kategorien zu ordnen. Dies unterscheidet auch Bildungsarbeit von Alltagsgesprächen. Ein möglicher Zugang der Strukturierung ist die Anwendung folgender drei Kategorien, die auch als *sozialhistorische Kategorien* zu bezeichnen sind:

a) Generation
b) Milieu (siehe S. 70)
c) Geschlecht (siehe S. 73)

a) Generation

„Du bist ja eine andere Generation!"
„Du hast ja das nicht erlebt, du bist ja viel jünger!"
Unter einer Generation verstehen wir zunächst eine Gruppe von ungefähr Gleichaltrigen, die im Laufe ihres Lebens gleiche oder ähnliche Erlebnisse im ungefähr gleichen Alter hatten: Während diese Unterscheidung bei jungen Menschen noch relativ leicht fällt, erscheint diese Differenzierung bei älteren Menschen schon viel schwieriger. „Die Alten" werden nur allzuoft von „den Jungen" in einen Generationstopf geworfen und umgekehrt („Die heutige Jugend ...!"). In der eigenen Altersnähe lassen sich Generationsunterschiede immer besser differenzieren. Für jüngere Menschen eröffnen die Lebensgeschichten erst nach und nach Möglichkeiten, generationsspezifische Phänomene auch bei älteren Menschen festzustellen.

Stellen wir also die heute über 80jährigen, geboren um 1910, den heute über 70jährigen, geboren um 1920, gegenüber. Die um 1910 geborenen erlebten als Kinder den 1. Weltkrieg, hatten ihren Schuleintritt noch im 1. Weltkrieg, erlebten den Hunger während des 1. Weltkrieges und in der Nachkriegszeit also schon bewußt, waren möglicherweise schon selbst mit der Nahrungsbeschaffung beauftragt.

Anton Strohmeyer, 1907 in Wien als ältestes von sechs Kindern geboren, besuchte zwischen 1914 und 1919 die fünfklassige Volksschule in St. Andrä, einem kleinen Ort in Niederösterreich. Er schreibt über seine Erlebnisse:

> *„Was hat Schule in meinem Leben bedeutet? Es begann mit einer Katastrophe. Die vollkommen freie Freizeit wurde radikal verkürzt. Das ideale Leben des Analphabetismus trat bestürzend schnell ins Zeitalter der Schiefertafel. Katastrophe Nr. 2: der Erste Weltkrieg. Vater wurde Soldat, Mutter erledigte ihr vaterländisches Pensum, indem sie fleißig für Nachwuchs sorgte. Der*

Ernährer im Krieg, die Mutter im Wochenbett, das konnte für mich als Erstgeborenen nicht gut ausgehen. Das heißt in die Schule gehen war nicht sehr wichtig, es gab andere Arbeiten, die erledigt werden mußten. Einkaufen auf Lebensmittelkarten, anstellen bei verschiedenen Kaufleuten, weil es ja noch keinen Superdiscount gab. Das ging also so dahin, was hat mir in diesen Jahren also die Schule bedeutet. Ehrlich gesagt nichts. Die Schule hat mich nicht behindert. Wie gesagt, kein Vater, eine bereits sehr kranke Mutter, viele kleine Geschwister und die große Not einer zusammengewürfelten Nation, die schon knapp vor dem Zusammenbruch stand. Was gab es da für ein Zeugnis, was gab es da für Chancen. Es gab mit einem Wort nur Zwänge." (Aus der Gesprächsrunde an der Volkshochschule Ottakring „Gespräch zwischen Jung und Alt")

Die um 1920 Geborenen verbrachten ihre ersten Lebensjahre bereits in der Weimarer Republik in Deutschland oder der Ersten Republik in Österreich, waren noch schulpflichtig bei der Machtübernahme der Nationalsozialisten in Deutschland im Jahr 1933, während jene 23jährigen die Machtübernahme Hitlers schon als Erwachsene erlebten.

Erhard Teich, 1915 in Frankenthal, Sachsen, als fünftes der sechs überlebenden Kinder geboren, besuchte bis 1929 Volks- und Hauptschule und bis 1933 die Gewerbeschule. Er schrieb über seine Schulzeit:

„In der Schule und überall war zuerst einmal Ordnung und Folgsamkeit. Wehe einer tanzte aus der Reihe. Der hatte schwer zu büßen. Was man mit Liebe bezeichnen kann, das war echt gestrichen, und ich muß sagen, das hat auf die elterliche Erziehung abgefärbt. Wir hatten unsere Eltern vielleicht weniger lieb gehabt, als wie daß wir Angst hatten, daß wir Hausarrest bekommen. So war's bei uns. Die Disziplin und Ordnung war damals in meinem Alter das Grundprinzip des Lebens. Turnen, die Gymnastik und das alles, das ist alles auf ein Pfeiferl gemacht worden. Wir haben müssen springen, bücken, alles, und je schöner, je gleichmäßiger, umso stolzer war der Lehrer. Also alles, was den Körper beweglich macht, das war alles ruckzuck. Wenn's hoch hergegangen ist, haben wir ein-, zweimal im Jahr einen Ausflug gemacht ... Das war ein Ereignis. Aber das

*waren nur die ersten Jahre der Schulzeit, 1923 – 1926. Im 26er Jahr ist
dann irgendetwas eingetreten, was wir nicht so mitbekommen haben.
Aber wir haben bemerkt, die Lehrer denken anders, lassen die Kinder
mitarbeiten. Es hat sogar gegeben, daß wir, wenn wir gemeinsam durch
den Ort gegangen sind, uns irgendwohin setzen durften, und jeder hat
eine Geschichte geschrieben oder sowas. Das war etwas ganz anderes
und neuartiges, und so ist es dann weitergegangen, immer besser
geworden, da gab's die Disziplin nicht mehr.* " (*Aus der Gesprächsrunde an der Volkshochschule Ottakring „Gespräch zwischen Jung
und Alt")*

Herr *Teich* erlebte also während seiner Schulzeit einen Wech-
sel im Schulunterricht. Herr *Strohmeyer*, acht Jahre älter als Herr
Teich, der diesen Wechsel nicht erlebt hat, bestätigt aus seiner
Sicht:

*„Ja die Erfahrung, die ich von den Turnsälen habe: Dort war
es ja immer so halbmilitärisch. Gerade stehen, in Reih und
Glied, in Riegen eingeteilt, Sprung auf die Stangen rauf. Das
sollte vormilitärische Erziehung sein, die sich halt aus dem Sport
entwickelt hat."* (*Aus der Gesprächsrunde an der Volkshochschule
Ottakring „Gespräch zwischen Jung und Alt")*

Nur acht Jahre reichten aus, um bereits andere Erfahrungen
im Schulbereich zu machen. Bei Kriegsbeginn 1939 hatten die
Älteren oft schon Familie, einen Beruf, die Jüngeren hatten
gerade ausgelernt, hatten ihre Lebensplanung erst vor sich.
Beispiele dieser Art lassen sich auf alle Lebensstationen übertragen. Die Kategorie Generation nimmt darauf Bezug, daß
bestimmte Ereignisse dadurch spezifische Bedeutung erhalten,
daß sie in bestimmte Lebenssituationen fallen, und eben unterschiedliche Jahrgänge sie unterschiedlich erleben und auch
unterschiedlich erinnern. Generationsspezifische Erfahrungen
werden daher besonders aufgrund der Orientierung am ideal-
typischen Lebenslauf deutlich. So teilt sich der Lebenslauf in
Lebensphasen, also jene Bereiche, die über einen langen Zeitraum
hinweg andauern und *Lebenszäsuren*, jene Ereignisse, die einen
Einschnitt in der Lebensgeschichte darstellen: Die folgende

Auflistung ist lediglich eine Hilfestellung und vor allem ein grobes Schema nach dem mögliche Geschichten geordnet und benannt werden können.

Lebensgeschichtliche Phasen und Zäsuren

GEBURT	„Die Welt, in die ich hineingeboren werde"
KINDHEIT	„Erfahrungen meiner ersten Lebensjahre"
SCHULBEITRITT	„Mein erster Schultag"
SCHULE	„Lernen für das Leben?"
AUS/FORTBILDUNG	„Was soll ich einmal werden?"
ARBEITSAUFNAHME	„Wie für mich das Arbeitsleben begann!"
LIEBE	„Meine ersten Erfahrungen mit Liebe und Sexualität"
HEIRAT/HAUS-STANDSGRÜNDUNG	„Meine/unsere eigene Welt"
BERUFSWELTEN	„Was ich dann geworden bin – wie es dann mit meiner Arbeit aussah"
GEBURT DER KINDER	„Die nächste Generation"
KRISEN UND ENTSCHEIDUNGEN	„Als es nicht mehr so weiterging"
FREUNDE/KONTAKTE	„Was aus meinen Freunden wurde, und wie ich neue fand."
PENSIONIERUNG	„Und dann war plötzlich alles ganz anders"
ALTERN/PENSIONSALLTAG	„Allmählicher Übergang zum Altwerden"
BILANZ	„Mein Leben im Rückblick"

Wie an den beiden kurzen Passagen von Herrn *Teich* und Herrn *Strohmeyer* zu sehen ist, sind generationelle Unterschiede für die jeweiligen Erlebnisse und Erfahrungen in der Lebensgeschichte von Bedeutung. Zwei Zugangsweisen können dabei hilfreich sein:

Lebensdaten

Entlang des Lebenslaufs können wichtige Daten, die Lebensphasen und Lebenszäsuren betreffen, gemeinsam mit der jeweiligen Person erarbeitet werden. Das ist wichtig für das Verständnis der jeweiligen Lebensgeschichte, wichtig für das Verständnis der gegenwärtigen Lebenspraxis, der Meinungen, der Anschauungen etc. Folgende Informationen können sehr hilfreich sein: Geburt, Berufsstand und Herkunft der Eltern, Zahl der Geschwister, eventuell Sterbedaten der Eltern, Schulbildung, Berufsausbildung, berufliche Tätigkeiten, Familiengründung, Kinder, Pensionierung, Interessen, politische Tätigkeiten ... Der Detaillierungsgrad ist selbstverständlich immer von der Person, die diese Angaben macht, selbst festzulegen. Sie bestimmt darüber, welche Daten sie bekannt geben will, welche Daten sie für wichtig hält. Es soll keineswegs der Eindruck entstehen, als würden hier Daten als Kontrollinstrumentarium verwendet werden. Daher ist es immer notwendig zu erklären, weshalb Angaben über das eigene Leben in diesem Zusammenhang wichtig sind. Ein Beispiel:

Erhard Teich, geboren 1915 in Frankenthal/Sachsen, gestorben 1987 in Wien. Vater Hilfsarbeiter bei der Deutschen Reichsbahn, dann Lokomotivheizer, Beamter. Mutter Helferin in der Landwirtschaft, eigene Hauswirtschaft. 1902 Heirat der Eltern. Die Mutter gebar elf Kinder, von denen sechs überlebten; sie selbst starb 1923 an Kindbettfieber. Vater heiratete 1925 wieder. 1930 wurde ein Stiefbruder geboren. Fünftes der sechs überlebenden Kinder. Bis 1929 Volks- und Hauptschule, bis 1933 Gewerbeschule, ein Jahr Schlosserlehre, 1934 bis 1936 Schlossergehilfe; 1937 Militärdienstpflicht bei der Deutschen Wehrmacht im Zuge der Besetzung Österreichs, 1938 nach Wien versetzt, während des Zweiten Weltkrieges Funker im Nachrichten-

dienst. 1940 Heirat mit Hilde Badstieber. Nach Heimkehr aus US-amerikanischer Kriegsgefangenschaft ab 1945 Schlosser in Wien, ab 1974 Maschinenschlosser und Buchdruckmonteur. 1945 Geburt der ersten, 1947 der zweiten Tochter, 1956 Geburt des Sohnes. 1987 verstarb Erhard Teich. (Ottakringer Lesebuch, Was hab ich denn schon zu erzählen, Wien, Köln, Graz 1988)

Historische Daten zur deutschen Geschichte

Um diese individuellen Daten in den Zusammenhang der „großen" Geschichte einzuordnen, ist es sinnvoll, eine Zeitleiste bei der Hand zu haben, auf der die wichtigsten Ereignisse eingetragen sind. Also etwa folgendermaßen:

Sozialistengesetze	1878 – 1890
Ausnahmegesetzgebung gegen die dt. Sozialdemokraten, Verbot der deutschen Sozialdemokratie	
Wilhelm II Deutscher Kaiser und König von Preußen	1888 – 1918
1. Weltkrieg	1914 – 1918
Weimarer Republik	1919 – 1933
Weltwirtschaftskrise	1929
Machtübernahme der NSDAP	1933
Ermächtigungsgesetze Nürnberger Gesetze Legistische Grundlage der Vernichtung der Juden, Sinti ...	1935
„Anschluß" Österreichs	1938
Annexion Tschechoslowakei	1939
Angriff auf Polen	1939
Beginn des 2. Weltkrieges Wannseekonferenz	1942

Beschluß über die „Endlösung der Judenfrage"
Vernichtung von 6 Millionen Juden, Romas,
Sintis, Kommunisten, Sozialdemokraten,
Katholiken, Homosexuellen
Ende des 2. Weltkrieges, bedingungslose
Kapitulation Deutschlands, Ende des 3. Reichs,
Alliierte Truppen der USA, Sowjetunion,
Großbritanniens und Frankreichs befreien
Deutschland   1945

Berlin wird in vier Besatzungszonen geteilt   1945

Währungsreform   1948
Umstellung der Reichsmark auf Deutsche Mark
Sowjetische Blockade, Berlin-West wird durch
die Luft versorgt

Provisorische Verfassung „Grundgesetz" in
Westdeutschland   1949

Bildung der Regierung Grotewohl in der DDR   1949

Berlin wird Hauptstadt der DDR   1949

Bonn wird provisorische Hauptstadt der BRD   1949
Konrad Adenauer (CDU) wird Bundeskanzler
(1949–1963)

2. Bundestagswahl   1953

Aufstand in der DDR am 17. Juni   1953

3. Bundestagswahl   1957
absolute Mehrheit der CDU/CSU

Ultimatum der UdSSR löst Berlinkrise aus   1958

Walter Ulbricht wird Vorsitzender des
Staatsrates (DDR)   1960

Bau der Berliner Mauer   1961

Ludwig Erhard wird Bundeskanzler
(1963–1965)   1963

Bildung der Großen Koalition unter Kiesinger
(CDU)   1966

Bildung der außerparlamentarischen Opposition (APO) Studentenunruhen	1967
Verabschiedung der Notstandsgesetze	1968
Sozialliberale Koalition von SPD und FDP	1969
Willy Brandt (SPD) wird Bundeskanzler (1969–1973)	
7. Bundestagswahl, SPD wird stärkste Fraktion	1972
Extremistenbeschluß/Radikalenerlaß	1972
Aufnahme der BRD und DDR in die UNO	1973
Rücktritt Willy Brandts nach der sogenannten Guillaume-Affäre, neuer Bundeskanzler wird Helmut Schmidt	1974
Erich Honecker wird Staatsratsvorsitzender	1976
Beendigung der sozialliberalen Koalition Helmut Kohl wird Bundeskanzler	1982
Fall der Berliner Mauer	1989

Am Beispiel einer konstruierten Lebensgeschichte möchten wir die Verbindungen zwischen Privatleben und Politik verdeutlichen:

Was hat eine Frau, nennen wir sie Käthe Meyer, im Lauf der Zeitgeschehnisse erlebt? Nehmen wir an, sie ist 1910 in Tübingen geboren. Sie stammt aus Lustnau, einem Stadtteil, in dem die Menschen typischerweise von Lohnarbeit in Industrie und Landwirtschaft lebten. Daher arbeitete sie ein Leben lang im elterlichen Wein- und Obstgarten. Schon in der Kindheit lernte sie sparen und gewöhnte sich an Schläge und Schelte, mit denen man sie zur Arbeit anhielt.

Durch den Ersten Weltkrieg verlor sie ihren ältesten Bruder und einen Onkel. Auch andere Männer „blieben im Krieg", nachher war das gesellige Leben nicht mehr so wie früher, so meinten die Alten. Ihr Vater aber kam zurück und engagierte sich in den 20er Jahren in der SPD, d.h. er war im Gesangsverein und im Proletarischen Bildungs- und Bühnenclub tätig. Das bedeutete, daß er sich daheim kaum noch blicken ließ, und Mutter schimpfte oft und rechnete ihm vor, was das alles koste. Als Mädchen des Arbeitermilieus hatte Käthe kaum die Chance auf eine Lehre. Ihr zweiter Bruder arbeitete wie der Vater in der Textilindustrie. Ende der 20er Jahre, Anfang der 30er Jahre waren Vater und Bruder oft arbeitslos, dann mußte die Mutter sehen, wie sie die murrenden Männer beruhigte und die Familie aus der kleinen Landwirtschaft ernährte. Käthe fand in dieser Zeit eine Stelle bei einem angesehenen jüdischen Händler der Stadt. Sie staunte nicht schlecht über den Komfort in diesem Haushalt: Alle Fenster hatten Glasscheiben, es gab fließendes Wasser und elektrisches Licht. Zum ersten Mal erhielt sie auch Einblick in das studentische Leben Tübingens; ein Neffe ihres Arbeitgebers war Student und kam ab und zu mit Freunden zu Besuch.

Käthe hatte nicht viel Freizeit; meist half sie auch daheim im Garten mit. Einmal jedoch hatte sie einen ganzen freien Tag und machte eine Wanderung zum neuen Naturfreundehaus auf den Kniebis mit. Ein Verehrer wollte sie einmal auch zu einem Vortrag über den „218" mitnehmen, aber damals mußte sie der Mutter helfen.

1933 wurde sie entlassen. Durch die Boykotte jüdischer Geschäfte ging der Handel schlecht. Schließlich wurde auch das Haus geplündert, aber das hörte sie nur noch aus Berichten anderer, die dabei waren. Sie selbst stand den neuen Machthabern distanziert gegenüber. Für Politik hatte sie sich nie so recht interessiert, und mit 23 Jahren ließ sie sich nicht mehr so leicht etwas einreden. Außerdem hätte sie gerne noch einmal mit den Naturfreunden eine Wanderung gemacht.

1938 heiratete sie Wilhelm Schmid aus der Nachbarschaft, die Grundstücke der Familien lagen so günstig nebeneinander, und er konnte gut tanzen. Außerdem arbeitete er in einer Druckerei, darauf war sie besonders stolz. 1939 bekamen sie ein Kind, das Franz hieß nach Käthes gefallenem Bruder. Leider war ihr Mann einer der ersten, die einrücken mußten. Während des Zweiten Weltkrieges begann sie lange Briefe zu schreiben und Feldpostkarten zu sammeln. Bei den Fronturlauben wußte sie nie so recht, was sie mit ihrem Mann reden sollte.

Gegen Kriegsende nahm sie eine evakuierte „Kriegerswitwe" aus Köln mit ihren Kindern bei sich auf. Es wurde eng in dem kleinen Haus, und die rheinische Küche und die Sprache waren ihr fremd. Die Angst vor Bombenangriffen nahm zu, einmal wäre Käthe beinahe auch „erwischt" worden. Kurz nach der Besetzung Tübingens durch die Franzosen versteckte sie sich wie die anderen Frauen ängstlich vor den „Marokkanern". Sie hatte Glück und wurde nicht vergewaltigt. Nach dem Krieg begannen schwere Zeiten. Gegen den Willen der Eltern verkaufte der Bruder sogar ein Grundstück. Käthes Mann kam erst 1949 aus der russischen Kriegsgefangenschaft. Das Kind erkannte seinen Vater gar nicht, und auch sie selbst hätte ihn beinahe nicht wiedererkannt. Er war sehr schwach und erholte sich nur sehr langsam. In seinem alten Beruf fand er keine Arbeit mehr, und so dauerte es lange, bis die Familie beim Essen und beim Anziehen nicht mehr so sparen mußte. Einen Kühlschrank gab es erst 1963 und Fernsehen ging man bis 1969 in die nahegelegene Kneipe. 1978 starb der Mann, und seither lebt Käthe Schmid, geborene Meyer, allein. Ihr Sohn ist Vertreter einer großen Firma geworden und nach Köln gezogen, in das ihr so fremde Rheinland.

b) Milieu

Eine weitere Kategorie ist jene des Milieus. Dem Begriff Milieu werden heute in der Wissenschaft sehr vielschichtige Inhalte zugeordnet. Es ist ein sehr weiter Begriff, der mit vielen Details aufgefüllt werden kann. Milieu ist zunächst einmal wesentlich durch den Beruf und die Position im Arbeitsprozeß bestimmt und geprägt. Für die Kindheit bedeutet das, daß das Milieu durch den Arbeitszusammenhang der Eltern bestimmt ist, wobei die Berufstätigkeit der Väter hier meist als milieubestimmend gilt.

▶ Idealtypische Unterscheidungen sind zunächst jene zwischen Bürgern, Bauern/Kleinhäuslern (= öst. für Kleinbauern) und Arbeitern.

Ausgehend davon lassen sich wiederum genauere Bezeichnungen und Kategorisierungen finden:

▷ ADEL: hoher Adel, niederer Adel, Landadel
▷ BÜRGER: Großbürger, Kleinbürger
▷ BAUERN: Großbauern, Kleinbauern, Kleinhäusler, Knechte und Mägde, Taglöhner, Taglöhnerinnen
▷ ARBEITER: Facharbeiter, gelernte Arbeiter, angelernte Arbeiter, Hilfsarbeiter, Saisonarbeiter, Heimarbeiter Angestellte, Handwerker, Gewerbetreibende, Kleingewerbetreibende...
▶ Abhängig sind diese beruflichen und gesellschaftlichen Positionen im wesentlichen von:
Bildung, Ausbildung, Einkommen, Vermögen.
▶ Die Arbeit ist an Orte gebunden, an soziale Räume: Bauernhof/Landwirtschaft, Fabrik, Geschäft, Handwerksbetrieb, Büro, Wohnung etc.
Diese sozialen Räume sind wiederum eingebettet in lokale, regionale und nicht zuletzt auch nationale Zusammenhänge.
Weitere Faktoren, die das Milieu mitbestimmen, sind religiöse, politische und ethnische.

Wiederum zwei Beispiele, die sich auf die Lebensphase Kindheit beziehen und soziale Milieus widerspiegeln:
Maria Gremel, 1901 in Aigen bei Kirchschlag in der Buckligen Welt in Niederösterreich als jüngere von zwei Kindern geboren. Ihr Vater war Landarbeiter, die Mutter war Taglöhnerin, sie selbst mußte mit neun Jahren in den Dienst:

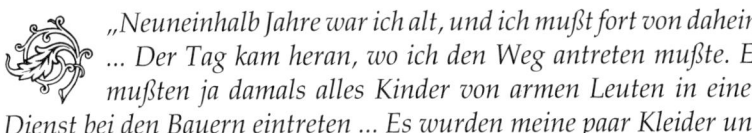 *„Neuneinhalb Jahre war ich alt, und ich mußt fort von daheim ... Der Tag kam heran, wo ich den Weg antreten mußte. Es mußten ja damals alles Kinder von armen Leuten in einen Dienst bei den Bauern eintreten ... Es wurden meine paar Kleider und die Schürzerl, Hemderln samt dem einzigen Paar Schuhe, das ich hatte, in ein Kopftuch eingebunden, im Sommer ging man ja ohne Schuhe ... Arbeit, die auch ein Kind tun kann, gab es stets genug auf einem Bauernhof. Dreimal täglich mußte ich das Geschirr abwaschen und die Stuben kehren. Das mußte ich auch dann machen, als wieder Schule war, ehe ich fortgehen durfte. Früh aufstehen war vom ersten Tag an die Parole. Es wurde mir zur Lebensgewohnheit. – Früh auf und später nieder, iß schnell und geh wieder.“ (Maria Gremel, Mit neun Jahren im*

Dienst. Mein Leben im Stübl und am Bauernhof 1900 – 1930, Wien, Köln, Graz 1983)

Berta Neumeister, 1905 in Wien als ältere von zwei Töchtern eines Kunsttischlers geboren. Sie schrieb über ihre Kindheit:

„*Mein Vater war Tischlermeister. Als er meine Mutter heiratete, war diese ein wohlhabendes Mädchen, und auch er war nicht arm, so daß ich als Kind eigentlich in einer ziemlich wohlhabenden Geschäftsfamilie aufgewachsen bin. Mutti führte die Buchhaltung des Geschäfts, während ein tüchtiges ‚Mädchen für alles' den Haushalt besorgte. Als wir zwei Schwestern noch klein waren, hatten wir außerdem ein junges Kindermädchen, später waren es die alte Frau Wetti oder unsere Großmutter, die uns spazieren führten. Wir wohnten in einem richtigen Altwiener Haus, ein großer Hof, mit einem eisernen Gitter abgeschlossen, und ein Herrengarten mit einem Salettl, ein Refugium für die Hausherrenkinder und ihre Gouvernanten. Neid war uns fremd, denn wir hatten ja den großen Hof und viele Freunde. Vaters Werkstatt hatte beiderseits Fenster, und es war ziemlich laut, rechts war eine andere Tischlerei, und links war ein ebenerdiges Gebäude, in dem sich früher Viehställe befunden hatten. Mein Vater hatte dort einige Holzschuppen gemietet, denn er betrieb neben seiner Tischlerei auch einen Holzhandel.*" (Ottakringer Lesebuch, Was hab' ich denn schon zu erzählen ... Wien, Köln, Graz 1988)

Diese Beispiele verdeutlichen sehr anschaulich die beiden unterschiedlichen Milieus. Frau *Gremel* wurde in ein verarmtes bäuerliches Milieu hineingeboren, Frau *Neumeister* in ein bürgerliches. Frau *Gremels* Eltern waren arm, hatten keine Ausbildung, kein Vermögen, der Vater war Landarbeiter, die Mutter Taglöhnerin. Frau *Neumeisters* Vater war ein qualifizierter Handwerker, ihre Mutter hatte ein kleines Vermögen. Frau *Gremel* wuchs auf dem Land in einer kleinen Ortschaft auf, Frau *Neumeister* in der Großstadt in einem bürgerlichen, einem Innenbezirk auf.

„Niemand kann sich diesen Zeithorizont für sein Leben aussuchen, und insofern dieser schon vor der Geburt ausgebreitet ist, greift die

menschliche, die soziale Existenz jedes einzelnen weit vor seine biologische zurück, ist also wesentlich geschichtlich. Dies trifft auch für die räumliche Welt zu, die jeder von Anbeginn an unterschiedlich vorfindet und erlebt: beengtes oder weitläufigeres Leben in den vier Wänden der Zimmer-Küche-Wohnung eines Miethauses, der Beletage eines Altwiener Hauses oder der Stube und den Dachkammern eines ländlichen Häuschens; die weiteren Erlebnisräume von Hinterhof, Gasse und Baulücke in der Stadt oder Stall, Bachlauf und Wiesenhügel auf dem Land; die gestaffelten Reichweiten von Haus, Dorf, Feldern, freier Landschaft und der nächsten Kleinstadt. Dies alles spiegelt weniger naturhafte als vielmehr gesellschaftliche Vorgegebenheiten wider, die von den umfassenden kulturellen Strukturen der unterschiedlichen Regionen über die im engeren Sinne sozialen Strukturen der unterschiedlichen Milieus bis zu den psychosozialen Strukturen der unterschiedlichen Familienkonstellationen reichen." (Ottakringer Lesebuch, Was hab' ich denn schon zu erzählen ... Wien, Köln, Graz 1988)

c) Geschlecht

Nicht nur Generation und Milieu sind als Kategorien für die Analyse von lebensgeschichtlichen Texten von Bedeutung, sondern auch jene des Geschlechts. Unter Geschlecht ist hier vor allem das soziale Geschlecht in Ergänzung zum biologischen Geschlecht gemeint. (Im angloamerikanischen Bereich werden dafür die beiden Begriff „sex" für biologisches Geschlecht und „gender" für soziales Geschlecht verwendet). Diese Unterscheidung verweist vor allem darauf, daß Männer und Frauen unterschiedliche Ausbildungsmöglichkeiten, Karrieremöglichkeiten oder ganz allgemein Lebensperspektiven haben. Diese Unterschiede basieren jedoch nur zu einem geringen Teil auf biologischen Ursachen, sondern sind hauptsächlich gesellschaftlich bedingt. Die lebensgeschichtlichen Erfahrungen stehen in Abhängigkeit davon, ob wir sie als Mädchen oder Junge, als Frauen oder als Männer im jeweiligen Milieu in der jeweiligen Generation erleben. Zwei Beispiele:

Henriette Mayer, 1909 in Wien als älteres von zwei Kindern geboren, erzählt:

„Die Gasse war Spielplatz zu unserer Kinderzeit. Wir haben da eine lange Kette gemacht über die ganze Gasse und das bekannte Spiel „Wer fürchtet sich vorm schwarzen Mann" gespielt, das werden alle Älteren kennen und Tempelhupfen, alles hat man gespielt ..." *(Gesprächsrunde an der Volkshochschule Ottakring „Gespräch zwischen Jung und Alt")*

Karl Klein, 1908 in Wien als älteres von zwei Kindern geboren, antwortet darauf:

„Zur Gasse möchte ich erzählen. Ich war ein Gassenbub und bin auf der Gasse mit vielen, vielen Kindern aufgewachsen. Allein in unserem Haus, in einem großen Eckhaus, waren 1915 bei einer Zählung hundert Kinder. Ich spreche also noch aus der Zeit vom Kaiser Franz Joseph. (österr. Kaiser) Ich bin ein Achter-Jahrgang. Auf der Straße waren natürlich die Kinder der armen Leute, der Arbeiter ... Wir Buben haben allein gespielt. Wir sind ja auch ganz woanders in die Schule gegangen als die Mädchen. Die haben separat gespielt, haben sich Küchen aufgebaut und Kochen gespielt. Die haben da ihre Puppen gehabt, und Diabolo haben sie gespielt. Aber die Gasse war nicht nur Spielplatz, sondern auch Kampfstätte. Es ist also nicht nur Handgeben und Ringelreihen gespielt worden. Da gab's zum Beispiel Fußball, aber nicht mit einem Ball, sondern mit einem Fetzenlaberl (Fußball, der aus Stoffresten gemacht wird, Anm. d. Verf.), und wenn das einer Partei ins Fenster geflogen ist, da war natürlich was los!" (Ottakringer Lesebuch, Was hab' ich denn schon zu erzählen ... Wien, Köln, Graz 1988)

Sowohl Frau *Mayer* wie Herr *Klein* stammen aus einem ähnlichen Milieu, dem Arbeitermilieu der Wiener Außenbezirke. Sie sind auch die gleiche Generation, aber sie erleben das Spielen auf der Straße anders. Für sie ist die Straße der Ort für Spiele, für ihn hauptsächlich Kampfplatz.

Anhand der drei Kategorien und der zitierten Beispiele wird deutlich, wie wichtig es ist, die Lebenserfahrungen und die Lebensgeschichte in den jeweiligen Zusammenhang einzuordnen, um sie besser zu verstehen. Die Biographie und damit die einzelnen Lebensabschnitte, also die Lebensphasen, wie Kindheit, Jugend etc., die lebensphasenübergreifenden Bereiche, wie Erwerbsarbeit, Hausarbeit etc., sowie die Lebenszäsuren sind für das jeweilige gegenwärtige Leben alter Menschen bestimmend. Während einer beträchtlichen Zeit im Leben bezieht der einzelne seine gesellschaftliche Position aus seiner Arbeit. Das beginnt bereits in der Jugend, da ist man Lehrling, Auszubildender, Schüler oder Student, später dann ist er oder sie Hilfsarbeiter, Arbeiter, Angestellter, Beamter, Gewerbetreibender, Hausfrau oder Arbeitsloser. Mit der Pensionierung fällt diese Zugehörigkeit weg. Ab nun sind alle Pensionisten – abgesehen von den Hausfrauen, denen sich diese Abgrenzung nicht öffnet, sie können niemals in Pension gehen. Dennoch sind sie unmittelbar davon betroffen. Einerseits sind zum Beispiel nun die pensionierten Ehemänner zu Hause; die bis dahin routinierte Zeiteinteilung verändert den Alltag, andererseits verändern sich die Möglichkeiten, der Aktionsradius durch die veränderten ökonomischen Bedingungen.

Mit der Pensionierung beginnt also zweifellos eine neue Lebensphase. Der Übergang vom Berufsleben in den Ruhestand stellt an die Menschen neue Anforderungen. Der Eintritt ins Arbeitsleben ist ein Zeichen des Erwachsenwerdens und der zunehmenden Bedeutung für die Gesellschaft, der Austritt hingegen ein Zeichen des Altwerdens und der abnehmenden Bedeutung. Der Abschluß der Lebensphase „Berufstätigkeit" ist zugleich also der Beginn einer neuen. Nehmen wir also an, daß die Pensionierung ein Bestimmungsmerkmal für das Alter ist. Daneben gibt es zahlreiche andere Kriterien: zum Beispiel der Verlust der Erzieherfunktion, die Konfrontation mit der Rolle als Großvater, als Großmutter, der Verlust des Ehepartners oder seltener der Ehepartnerin nach langem gemeinsamen Leben.

Wer sind nun *die* Alten? Vergegenwärtigen wir uns, daß unter diesen völlig undifferenzierten Bezeichnungen mehrere Generationen zu finden sind. *Die* Alten können 60 oder 65, aber auch 85 oder 90 sein, das heißt: es können Eltern und Kinder sein. Menschen mit Altersdifferenzen von 30 und mehr Jahren unter einen Begriff fassen zu wollen, erscheint nicht sehr sinnvoll. In jüngerer Zeit beginnt daher eine Ausdifferenzierung in sogenannte „junge Alte" und „alte Alte", in solche, die noch in einen

Freizeitprozeß eingebunden werden können und in solche, die zum Beispiel ständige Pflege benötigen. Die Kriterien dieser Differenzierung sind jedoch äußerst unbefriedigend und orientieren sich hauptsächlich an ökonomischen Gesichtspunkten. In den Debatten um Alte und Altern sind Fragen nach generationsspezifischen Lebenserfahrungen nachhaltig notwendig. (Ob jemand 1910, 1920 oder 1930 geboren ist, ist hinsichtlich der Einbindung der Lebensgeschichte in die jeweilige politische, soziale und gesellschaftliche Lage wesentlich. So können *die* Alten als einzelne sich voneinander unterscheidende Generationen erkannt werden, die dann wiederum umgekehrt einen präziseren Einblick in lebensgeschichtliche und historische Zusammenhänge bieten.

III. Biographie in der Praxis der Altenarbeit

1. Die biographische Haltung in der Altenarbeit

In unserem Verständnis äußert sich eine biographieorientierte Arbeit in erster Linie in einer spezifischen Haltung, in einer kontinuierlichen Aufmerksamkeit gegenüber der Geschichte, der Fülle von Erinnerungen und Lebenserfahrungen, die alte Menschen auszeichnet. Sie bestimmt, verändert unseren Umgang, die Art unserer Begegnungen, die Gestaltung unserer Angebote.

Der alte Mensch – unendliche Geschichte(n)

Wenn wir uns für einen Moment einen großen Raum vorstellen, in dem zehn alte Menschen im Alter von 60 bis 90 Jahren sitzen, und wir hätten die Möglichkeit, ihre Biographien, vielleicht nur bezogen auf eine einzige Lebensspanne, zu verbildlichen und zu vertonen, wir wären vermutlich schnell mit dieser Aufnahme der Fülle überfordert. Welche großen Unterschiede sich vor uns auftun würden, „Filme" von Frauen- und Männerleben, von Arbeitern, Handwerkern, Industriellen, Tagelöhnern, Hausfrauen, von Bäuerinnen, Studierten und dem sogenannten einfachen Menschen, vom Leben auf dem Land oder in der Stadt, von Verheirateten, von Eltern, von Ledigen und frühen Witwen, von Kriegsteilnehmern, von Ausgewanderten, von Flüchtlingen ...

Und alle diese „Merkmale" und noch viele mehr haben diese zehn Menschen geformt, die nun gerade bei uns sitzen, hellwach und voller sprudelnder Geschichten oder in sich versunken.

In der Realität herrscht jedoch oft viel Stummheit und Verlegenheit, nicht selten sogar die Befürchtung, die alten

Menschen könnten „auspacken" in einem nicht zu stoppenden Erzählfluß oder aber zum x-ten Male die gleichen Geschichten auftischen. Doch den Standardgeschichten der alten Menschen entsprechen häufig die Standardfragen der Mitarbeiter. Im Heim z.b. die (zwar von verschiedenen Mitarbeitern) immer erneut gestellte Frage nach dem Beruf, nach dem Essen, das man sich gerne gekocht hat, nach der Zahl der Kinder, ... So bleibt es ein lebloser Dialog ohne wirkliches Interesse aneinander. Der alte Mensch spürt keine wirkliche Aufmerksamkeit, keine Wertschätzung, die die Fragen begleitet, kein Bemühen hinter die ewig gleichen Geschichten zu gucken, nichts, was ihm den Zugang zu seiner Biographie erleichtert, ihm den Mund öffnen könnte.

Standardgeschichten enthalten oder verstecken (deutlich in ihrer „Penetranz") oft das, was den Menschen ganz besonders auf der Seele brennt, was sie ganz ungeheuer umtreibt. Es braucht eine kontinuierliche Beziehung, ein wachsendes Vertrauen und vor allem viel Zeit und Geduld, den Umwegen und Erzählschleifen zu folgen und dem eigentlichen Anliegen zum Durchbruch zu verhelfen.

Und wo soll der Raum für solche „langatmigen Szenen" in der institutionalisierten Altenarbeit sein? Wo die Mitarbeiter, die im aktiven Zuhören, in der Fragekunst unterrichtet sind?

Oder sind wir vielleicht viel zu sehr mit unserer eigenen Geschichte, mit unseren Problemen beschäftigt, als daß wir uns auch noch die Geschichte(n) der Alten aufbürden könnten? Es sind ja Geschichten, die die Persönlichkeit des alten Menschen vor uns lebendig und farbig werden lassen, in einer Weise, die uns sensibilisiert, uns berührt und das Arbeiten im gewohnten Rhythmus noch schwerer werden läßt.

Mit dem Abblocken der Geschichte(n) schützen wir uns selbst vor dem Überdenken unserer täglichen Arbeitsweise, der so eingeschränkten Rahmenbedingungen, aber auch vor den Fragen nach unseren eigenen Lebensentwürfen, nach unseren Perspektiven für unser Alter.

Achtsame Begegnungen

Die Situation könnte uns zum Verzweifeln bringen. Nun haben wir eine neue, der Lebenssituation des alten Menschen gerecht werdende Perspektive eingenommen und werden uns gleichzeitig unserer inneren und äußeren Grenzen schmerzhaft bewußt. Dann doch lieber nicht an der Geschichte der alten Menschen rühren, alles beim Alten lassen(!)?

In der Tat, wenn wir nach dem Prinzip „alles oder nichts" entscheiden, entweder eine (zeit)intensive Biographiearbeit mit den alten Menschen, oder wir lassen es ganz, dann wird sich nichts bewegen. Wir müssen vielmehr – jenseits großer Projekte – in unserem Alltag nach den kleinen Schritten suchen.

Wir betonen also, daß sich biographisch orientiertes Arbeiten in erster Linie als eine Haltung ausdrückt. Eine veränderte Haltung – nämlich den Menschen als mit der Geschichte eines langen Lebens behaftet wahrzunehmen, löst auch beim Gegenüber eine veränderte Reaktion aus. Er spürt es weniger in neuen Redewendungen (z. B. „was sie schon alles erlebt haben!" – was ja auch schnell zur Floskel werden kann) als in der Weise, wie sich gewohnte Sprache im Klang, in der Formulierung, in den kleinen „sprachlichen Zutaten" verwandelt. Es hilft ihm, sich selbst als geschichtliches Wesen zu sehen, Achtung vor seinem einzigartigen Leben zu spüren, anstatt sich nur als die „Momentaufnahme" mit all den Belastungen, Einschränkungen, Krankheiten, Einsamkeiten, die alles Vergangene und Zukünftige zu erdrücken scheinen, zu empfinden. Es löst unter Umständen einen Gedankenfluß aus, eine Beschäftigung mit der Vielfalt des gelebten Lebens, von der wir vielleicht gar nichts oder nur Körpersprachliches – einen veränderten Gesichtsausdruck, einen bestimmten Gang – wahrnehmen können.

Der erste Gruß am Morgen im Heim oder die Begrüßung in der Altenbegegnungsstätte, sie besitzen eine andere Tönung, je nachdem aus welchem Bewußtsein heraus wir den alten Menschen ansprechen. Wir können ihn mit den wenigen Begrüßungsworten entweder auf einen Ausschnitt seines gegenwärtigen Lebens festlegen (Guten Tag! Und dahinter steckt: Ach diese arme Frau, immer hat sie Schmerzen im Bein) oder die Fülle des Lebens zulassen (Guten Morgen! Und dahinter steckt: Was hat Frau M. so schöne lebendige Augen, sie war sicher eine lebenslustige Frau, und das entdecke ich auch jetzt immer wieder an ihr – trotz aller ihrer Schmerzen).

Eine biographische Haltung verändert auch unsere kleinen Dialoge und die längeren Gespräche. Wir bleiben nicht immer bei den gesprächsverhindernden Floskeln stehen, sondern fragen nach, führen weiter, wollen mehr wissen, vermeiden nicht automatisch die „unhöflichen Fragen", Fragen, die Widersprüche aufnehmen, die die schwierigen Seiten des Lebens tangieren.

In einem Heim stellte eine 86jährige Frau tagein tagaus jammernd und häufig mit Tränen in den Augen die Frage, warum nur ihre Tochter vor ihr gestorben sei und der Herrgott sie selbst nicht schon längst erlöst habe. Niemand der Mitarbeiter traute sich, wirklich darauf einzugehen, außer mit Worten, die beruhigen sollten, die es aber nicht taten.

Auf die Frage der alten Frau gibt es auch keine Antwort, sondern höchstens weitere Fragen, z.b. nach der Tochter, nach ihrem Leben, nach den Umständen ihres Todes, nach der Bedeutung, die die Tochter für die Mutter im Leben besaß. Vielleicht wären in diesem Gespräch noch mehr Tränen geflossen, aber vermutlich wäre auch der Teufelskreis der sinnlosen, die alte Frau ganz gefangen nehmenden Frage durchbrochen worden, und sie hätte die Verbindung zur lebenden Tochter wiederhergestellt, noch einmal liebevolle Tage aus ihrer Erinnerung hervorgeholt.

Das Beispiel zeigt, daß das Unglück dieser Frau nicht beseitigt werden kann, auch die vielen anderen Belastungen und Fragen nicht, die sie aus ihrem Leben mitschleppt. Wir können aber an der einen oder anderen Stelle, dort, wo wir es gewahr werden, (z.B. dort, wo die alten Menschen mit ihren stereotypen, uns auf die Nerven gehenden Äußerungen belasten) „Luft schaffen", kleine Kanäle öffnen, die entlasten und verschüttete Sichtweisen freilegen. Die angemessene und immer wieder zu überprüfende Einschätzung unserer Grenzen und Möglichkeiten hilft uns, Überforderung zu vermeiden bzw. nicht in Resignation zu verfallen.

Der Blick auf die Bedeutung des Biographischen in der Arbeit mit alten Menschen kann uns aber auch dazu verführen, möglichst viele Lebensdaten und Einschätzungen über die alten Menschen zu sammeln, zu versuchen, viele Informationen aus unterschiedlichen Quellen zusammenzutragen (von Ehepartnern, Kindern, anderen Angehörigen, Nachbarn), um ein angereichertes Bild von dem alten Menschen, der uns anvertraut ist, zu erhalten.

Wir sollten jedoch daran denken, daß die Lebenserfahrung eines Menschen, die sich ja um äußere Daten gruppiert, sein ganz persönliches, zu schützendes Eigentum sind. Wir sollten uns fragen, wie es wohl einem Menschen zumute ist, über den – in fürsorglicher Absicht zwar – Daten ausgetauscht werden, ohne daß er diesen Transfer kontrollieren oder sich dagegen zur Wehr setzen kann; z.B. Informationen über das schwierige Verhältnis zum Ehepartner, über die Mitgliedschaft in der SS, über Zeiten des Alkoholmißbrauchs.

Hier ist uns aufgetragen zum Schutze der Persönlichkeit und der Intimsphäre des alten Menschen, Zurückhaltung zu üben und lieber den schwierigeren und scheinbar weniger ergiebigeren Weg des direkten Gesprächs zu benutzen. Manchmal wird es sogar notwendig sein, die Informanten, z.B. die ihren Mann pflegende Ehefrau, in ihrem Redeschwall zu bremsen.

Nun kann es sein, daß wir in der Arbeit, in der Pflege mit den alten Menschen in eine Sackgasse geraten sind oder daß wir ein ganz bestimmtes Verhalten nicht einordnen können und wir den Eindruck haben, weitere Kenntnisse über das „Vorleben" zu benötigen. Empfehlenswert ist dann, im Team das Problem zu besprechen und festzulegen, wer mit welchem Ziel und welchem Umfang befragt werden soll. Den betroffenen alten Menschen kann man darüber informieren. (Beispiel: „Frau S., ich kann mir keinen Reim daraus machen, warum Sie abends das Essen verweigern und Sie selbst können mir dazu auch nichts sagen. Ich werde beim nächsten Besuch Ihrer Tochter mal fragen. Sind Sie einverstanden?") Eine solche Bitte um Einverständnis ist selbst bei einem „verwirrten" Bewohner angebracht, er spürt Respekt, und wir selbst verpflichten uns einer Kultur der „Partnerschaft trotz Pflegebedürftigkeit".

Im Heimbereich spitzt sich das Thema „Umgang mit biographischen Daten" seit Einführung von Pflegeplanung und Pflegedokumentation noch zu. Informationen, Geständnisse, Probleme, die uns ein Bewohner im Vertrauen mitgeteilt hat, werden, weil sie dem Pflegeprozeß dienlich erscheinen (oder einfach so), bei der Übergabe den anderen mitgeteilt. Sie werden besprochen und unter Umständen in die Pflegedokumentation aufgenommen, ohne Wissen, ohne Zustimmung des Vertrauenden. Informationen von Angehörigen, aus vielleicht undurchschaubaren, vielleicht problematischen Absichten dem Heim mitgeteilt, werden in dieser Dokumentation gespeichert.

Und da die alten Menschen keine Gelegenheit haben, die schriftlichen Informationen zu ergänzen, zu korrigieren oder dazu gar nicht in der Lage sind, schrumpft das Bild auf die mehr oder weniger zufällig zusammengetragenen Daten zusammen. Sie werden als solche von wechselnden Mitarbeitern aufgenommen.

Ein harmloses Beispiel:

Frau T., die einmal geäußert hat, besonders gerne Marmorkuchen zu mögen, bekommt nun seit neun Jahren diesen Kuchen zum Geburtstag. Nur ganz zufällig entdecken die Mitarbeiter, daß sich ihr Geschmack inzwischen geändert hat.

Ein folgenschweres Beispiel:

Von Herrn P. ist bekannt und in der Dokumentation niedergelegt, daß er im Laufe seines Lebens einige Male in der Psychiatrie behandelt wurde. Die Gründe dafür sind nicht bekannt, es gibt nur Vermutungen. Als die Ehefrau des Herrn P. plötzlich stirbt, und er dieses über Wochen nicht akzeptieren kann, immer wieder nach ihr fragt, nach ihr sucht, verläßt die Mitarbeiter die Geduld; sie drängen den Arzt, ihn in die Psychiatrie einzuweisen, da sie ihm dort – wie ja schon früher im Leben – sicher helfen können.

Manche Heime haben sich aus diesen Gründen entschlossen, auf umfassende biographische Daten in der Dokumentation zu verzichten. Andere belassen sie, zusammen mit anderen festgehaltenen Informationen, z.B. über Auffälligkeiten des Tages (Herr K. war heute sehr traurig) im Besitz des alten Menschen (etwa im Nachttisch), wo gegebenenfalls auch Angehörige

82

Zugang finden. Die Szene könnte dann folgendermaßen aussehen: Die Nichte von Herrn K., der desorientiert ist und sich für das Dokumentationsheft in der Schublade nicht interessiert, kommt zu Besuch, blättert im Heft. Sie befragt die dazukommende Altenpflegerin zur Traurigkeit ihres Onkels. Vielleicht entwickelt sich daraus ein Gespräch, in dem Herr K. äußert, daß er ganz lange an seine verstorbene Frau gedacht habe.

Eine biographische Orientierung in der Arbeit mit alten Menschen erfordert Interesse am alten Menschen und seiner Lebensgeschichte und gleichzeitig eine große Behutsamkeit. Mitarbeiter, die sich zu einer solchen Prägung ihrer Arbeit entschließen, die sie sich Stück für Stück aneignen (unter Umständen unterstützt von Fortbildung oder Supervision), berichten von der Bereicherung ihrer Begegnungen mit den alten Menschen.

Hinter den ermüdeten Gesichtern scheint Lebendigkeit auf, die Menschen werden „plastisch", bisher verborgene „Ecken und Kanten" kommen zum Vorschein, die zum echten Kontakt reizen, zum Gespräch, zum miteinander Lachen, Spaßen und auch zum Streit und zum Traurigsein.

Viele Mitarbeiter lernen auch zu schätzen, daß sie durch die Berichte der alten Menschen Kenntnisse der jüngsten Geschichte, aus der Sicht der kleinen Leute, erhalten, die ihnen die Zeit vom Kaiserreich bis zur Gegenwart verständlich werden läßt.

Die Gegenwart aus Vergangenheit und Zukunft verstehen

Frühe Darstellungen stellen das Leben als einen Bogen dar, der von der Geburt bis zum Tode reicht, einen Bogen, auf dem man Stufe für Stufe weiterschreitet. *Erik Erikson* hat in seinem Buch „Wachstum und Krisen der gesunden Persönlichkeit" das Lebensganze ebenfalls als eine Abfolge von Stufen beschrieben und postuliert, daß jede Stufe von der frühesten Kindheit bis zum Greisenalter seine spezifischen Aufgaben habe, die wir nur dann bewältigen können, wenn die jeweils vorangegangene sich abgerundet hat.

Eine idealtypische Darstellung, die empirisch niemals überprüft wurde, aber sie zeigt und symbolisiert, daß wir das Leben in seiner Ganzheit betrachten müssen, in seinen „Teilen" miteinander verwoben und als Ganzes, „mehr als die Summe seiner Teile"), (Grundprinzip der Gestaltpsychologie). Aus diesem Grunde können wir zum Verständnis eines anderen Menschen, seiner Verhaltensweisen, seiner Einstellungen, seiner Krisen eher gelangen, wenn wir das gegenwärtige Ereignis auf dem Hintergrund der Erfahrungen der Vergangenheit und den Perspektiven für die Zukunft zu betrachten versuchen.

Ein Beispiel aus der Praxis soll das verdeutlichen: Frau E. lebt seit drei Jahren im Pflegeheim. Sie ist körperlich ziemlich gesund und rüstig, aber zeitweise zeitlich und örtlich desorientiert. Sie wird als ganz besonders schwieriger Fall in einer Supervisionssitzung vorgestellt. Die Mitarbeiter wissen sich nicht mehr zu helfen. Frau E. ist unausstehlich. Sie schimpft und meckert den ganzen Tag. Sie benutzt dabei die schlimmsten Kraftausdrücke und Beleidigungen. Am Essen hat sie grundsätzlich etwas auszusetzen, den „Fraß" verweigert sie oft und geht statt dessen in den Ort, um dort zu speisen. Sie findet den Weg häufig nicht allein zurück, findet aber jemanden, der sie zurückbringt, in der letzten Zeit gelegentlich abends(!) ein jüngerer Mann: Sie ist auch schon dabei gesehen worden, wie sie ohne jegliche Scham ihre Notdurft auf der Straße verrichtet. Alle sind ratlos und verständlicherweise empört, fühlen sich als Dreck behandelt.

Angehörige hat Frau E. nicht, auch keine Freunde in der Stadt, da sie zuletzt weiter entfernt gelebt hat. Mit einiger Mühe klauben wir in der Supervision ein paar wenige Lebensdaten zusammen. Frau E. lebte früher in der DDR, arbeitete dort als Modistin. Irgendwann ist sie dann in die BRD übergesiedelt und arbeitete in einem Kiosk. Es bleibt unklar, ob als Angestellte oder als Besitzerin. Im folgenden Gespräch stellen wir uns Frau E. als Modistin vor, eine elegante Dame, anerkannt in der Stadt, weil sie sehr phantasievolle Modelle arbeitet. Sie selbst ist auch immer gut gekleidet und trotz der beschränkten DDR-Verhältnisse auf ihr Äußeres, ihre Kleidung, ihr Make-up, ihre Figur bedacht.

Dieses Bild konfrontieren wir mit dem Bild der Gegenwart. Frau E. lebt mit einer anderen Frau in einem sehr engen Zimmer zusammen. Das Gebäude ist insgesamt in äußerst schlechtem Zustand. Sie hat sich in den Tageslauf einzuordnen, zu akzeptieren, was ihr geboten wird. Sie ist eine unter vielen, dazu nicht gerne gesehen – und eben keine anerkannte und elegante Modistin mehr. Wir erleben „hautnah" die große Diskrepanz zwischen diesen beiden Leben und auch die Perspektivlosigkeit, in die sich Frau E. durch ihr massiv „störendes" Verhalten manövriert hat. Die Mitarbeiter erkennen, was Frau E. vermissen könnte und durch ihr Verhalten einklagt bzw. demonstriert: Bestimmen können, auswählen können, und vor allem Respekt und Anerkennung. Sie überlegen, was sie im Rahmen ihrer beschränkten Möglichkeit verändern können: Ihr einen schönen Nachmittag wünschen, wenn sie das Haus verläßt, anstatt sie am Weggehen zu hindern und selbst zu schimpfen; sie fragen, was sie gerne essen möchte, anstatt ihr das Essen einfach vorzusetzen; sich mit ihr beraten, was sie anziehen könnte, und es zu registrieren, wenn sie es wirklich mal geschafft hat, sich frische Sachen anzuziehen; ihr sagen, wenn sie hübsch aussieht; sich mit ihr über ihren früheren Beruf als Modistin unterhalten.

Der Versuch gelingt, Frau E. wird zugänglicher und freundlicher. Sie ißt die von ihr ausgewählten Speisen (obwohl der Spielraum für ihre Wahl wahrlich nicht groß ist). Eines Tages sitzt sie im Sessel am Eingang. Eine Mitarbeiterin begrüßt sie freundlich, gratuliert ihr zum Geburtstag, erwähnt ihre schöne Bluse. Frau E. strahlt und sagt, daß der Bürgermeister auch schon dagewesen sei, um ihr zu gratulieren. Letzteres entspricht höchstwahrscheinlich nicht der Realität, zeigt aber eindrucksvoll, wie geehrt und respektiert sie sich fühlt und wie sehr sie das genießt. Natürlich gibt es auch Rückschläge, aber auf dem Hintergrund ihres vertieften Verständnisses von Frau E. können die Mitarbeiter gelassener damit umgehen, Beleidigungen klar zurückweisen und die Stärken, die versöhnlichen Seiten der Frau E. weiter unterstützen.

Die Schattenseiten

Viele (alte) Menschen tragen unerledigte Geschichten mit sich herum. Es drücken sie Erinnerungen an Situationen, in denen sie Schuld auf sich geladen, sie falsche Entscheidungen getroffen, Wichtiges versäumt haben. Meist schließen sie diese Schattenseiten ihres Lebens fest in sich ein, ihnen selbst oft nicht mehr zugänglich. Dinge, die in früheren Jahren eher zur Seite geschoben werden konnten, weil vielfältige Aktivitäten und Anforderungen des Alltags sie verdeckten oder weil noch Zeit zur Erledigung zu sein schien, tauchen am Ende des Lebens „mahnend" wieder auf.

Da ist die alte Frau, die damit beschäftigt ist, ihren Kindern als Berufstätige nicht genug Liebe und Zuwendung gegeben zu haben; der alte Mann, der seinen Partner mit nicht ganz feinen Methoden aus dem Geschäft gedrängt hat; die Frau, die die Kraft nicht aufgebracht hatte, am Sterbebett der Schwester zu wachen.

Die unerledigten, die Schattengeschichten preiszugeben, sich durch das Mitteilen ein Stück Erleichterung zu verschaffen, ist ein schwerer und oft ungewohnter Schritt. Aber er wird erleichtert, wenn der alte Mensch genug Gelegenheit und Raum hat, von seinen guten, respektablen Seiten zu berichten.

Ein Beispiel: Frau W., 78 Jahre, erzählt lange davon, wie sehr sie unter der Nazizeit gelitten habe, wie verhaßt ihr Hitler und das ganze Pack gewesen sei, und davon, wie sie versucht hat, bedrängten Freunden zu helfen. Nach dem Krieg habe Sie Konsequenzen aus den Erfahrungen des Dritten Reiches gezogen, sich politisch in der SPD engagiert und später auch in der Ostermarschbewegung. Erst nach einer längeren Phase des Vertrautwerdens bekennt sie, daß es sie heute noch belastet und quält, wie feige sie damals im Dritten Reich oft gewesen sei und Hilfe aus Angst verweigert habe. Im weiteren Gespräch führt sie sich die damalige Situation noch einmal vor Augen. Der Ehemann im Krieg, die beiden Kinder sind noch sehr klein, sie mußte ihre Kinder schützen, mußte der Gefahr selbst verhaftet zu werden, entgehen. Sie fühlt sich ein wenig entlastet und sieht ihr Leben in seiner Gesamtheit, ihr Wechseln von Widerstand und Stillhalten, Engagement und Rückzug.

Diese Szene spielte sich in einer kleinen Gesprächsgruppe ab, die Bewohner eines Altenheims und alte Menschen, die in der Umgebung des Heimes wohnen, zusammengeführt hatte. Einige schwiegen, andere ergänzten mit ihren Erfahrungen und stellten Fragen, alle waren sehr aufmerksam. In ihnen schien etwas in Bewegung gekommen zu sein und das Vertrauen untereinander war gewachsen. Das sind die kleinen Schritte, die zwischen Resignation und Überforderung gangbar sind.

Die biographische Orientierung, die Zusammenschau des Lebens in seinen Vergangenheits-, Gegenwarts- und Zukunftsdimensionen, in der Arbeit mit alten Menschen kann man unter dem Aspekt von Arbeits- und Lebenshilfe betrachten:

▶ Sie kann den Mitarbeitern Wege aufzeigen, wie Konflikte, Widerstände, unverständliche Verhaltensweisen einzuordnen sind und sich auflösen können.

▶ Sie fördert die Selbstachtung, das Selbstwertgefühl des alten Menschen, der sich in seiner Persönlichkeit, in seiner ganz einzigartigen Geschichte akzeptiert und anerkannt weiß.

▶ Sie mobilisiert die Kräfte im Menschen, weil er ermutigt wird, an alte, gute Erfahrungen in seinem Leben anzuknüpfen und schlechte zu akzeptieren.

▶ Sie löst die einseitige und verkrampfte Konzentration an das Unbill, die Probleme des Augenblicks, der Gegenwart und öffnet Blicke in die Zukunft.

Feier des Lebens – im Bewußtsein seiner Endlichkeit

Die biographische Orientierung verändert die Arbeit mit älteren Menschen, die alltäglichen Begegnungen, die Gespräche mit einzelnen, die Kultur eines Heimes, einer Sozialstation, eines Altenclubs bzw. einer Begegnungsstätte. Die Themen der offenen Gruppengespräche werden davon geprägt sein, ebenso die Gruppenangebote, sowohl hinsichtlich ihrer Themenstellung als auch ihrer Gestaltung. Vieles verändert sich „subcutan", anderes fällt als „Ergänzung" des bisherigen Konzeptes deutlich ins Auge.

Das gemeinsame Singen z.B. spult nicht ein Lied nach dem anderen ab, sondern läßt Raum für Gespräche und Nachdenken. Zu welcher Gelegenheit wurde früher das eine oder andere Lied gesungen? Welche Erinnerungen verknüpfen sich mit dem Lied? Von welchem Lied möchte ich, daß es bei meiner Beerdigung gesungen wird?

Es entstehen aber auch spezielle Angebote, so z.B. ein Gesprächskreis „Erzähltes Leben", eine Theatergruppe „Anno dazumal", die bedeutende Situationen, Erfahrungen aus dem Leben der Beteiligten in Szene setzt, eine Geschichtswerkstatt, die sich mit der Geschichte eines Stadtteils und seinen Bewohnern beschäftigt.

Die folgenden Kapitel werden konzeptionelle, thematische und methodische Anregungen dazu vermitteln. Das Leben in seiner Ganzheit wahrzunehmen als das einzig mögliche, von der Geburt bis zum Tod, trägt die Möglichkeit in sich, das Leben zu feiern, das Leben in seinen Höhepunkten und Niedrigkeiten, seinen Freuden und Schmerzen, seinen Brüchen, seinen Verzweiflungen.

Als Paul in der Legende von „Paul und Paula" von *Ulrich Plenzdorf* neben dem Totenbett seiner Frau sitzt, singt er ein schönes Lied, das den Schmerz und die Freude über das Leben gleichermaßen berührt.

„Unsere Füße, sie laufen zum Tod
Er verschlingt uns und wischt sich das Maul
Unsere Liebe ist stark wie der Tod
Und er hat uns manch Übles getan
Jegliches hat seine Zeit
Steine sammeln, Steine zerstreuen
Bäume pflanzen, Bäume abhauen
Leben und Sterben und Friede und Streit.
Meine Freundin ist schön
Als ich aufstand, ist sie gegangen

Weckt sie nicht, bis sie sich regt
Ich hab mich in ihren Schatten gelegt."

Anlässe für die „Feier des Lebens" in der Altenarbeit gibt es viele. Geburtstage, Jubiläen, Todestage, Weihnachten, Ostern, Pfingsten, Jahreszeitenfeste, Beerdigungen, historische Gedenktage, Begrüßungen und Abschiede von Mitarbeitern und Bewohnern bzw. Teilnehmern. Rituale helfen, diese Feste zu gestalten, ihnen durch den vertrauten Rhythmus Orientierung und Halt durch alle Traurigkeiten und Freuden hindurch zu geben. Manche Rituale müssen wiederentdeckt, manche neu gestaltet werden. Rituale umschließen die Zeitdimensionen Vergangenheit, Gegenwart und Zukunft. Ganz besonders deutlich z.b. beim traditionellen Leichenschmaus, einer Mischung aus Ehrung des Verstorbenen, Mahnung an die eigene Vergänglichkeit und kräftige Demonstration, daß das Leben weitergeht, gefüllt (Essen und Trinken!) werden will.

In einem anthroposophischen Altenheim hat sich das Ritual eines „Biographischen Abends" eingebürgert. Neue Bewohner haben die Möglichkeit, werden dazu ermuntert, einen Abend aus ihrem Leben zu erzählen. Eine Würdigung, Achtung des gelebten Lebens, steckt darin, ebenso eine Begrüßung und Aufnahme in die Gemeinschaft, die mögliche Anknüpfungspunkte für das Zusammenleben freilegt.

Was würde geschehen, wenn wir den alten Menschen zu ihrem Geburtstag Lieder singen, in der Art wie das folgende, das in Mexiko für junge und alte Menschen üblich ist? Wie würden sich die alten Menschen fühlen, wie würde die Atmosphäre eines Altenclubs, eines Altenheims dem unvorbereiteten Besucher in diesem Moment entgegenfließen?

Das sind die Morgenlieder,
Die König David sang.
Für die hübschen Mädchen
Singen wir sie so:

Wach auf, meine Liebe, wach auf,
Sieh, es ist schon Tag geworden,
Die Vögel singen schon
Und der Mond ist untergegangen.
Wie schön ist dieser Morgen
An dem ich komme, um Dich zu begrüßen,
Alle kommen wir mit Vergnügen
Und Freude, Dich zu beglückwünschen.

Schon wird es Tag,
Und er hat uns das Licht gebracht.
Ich stehe mit dem Morgen auf!
Sieh, es ist schon Tag geworden.
Ich wäre gern der heilige Johannes,
Ich wäre gern der heilige Petrus,
Um Dir mit der Musik
Des Himmels zu singen.
An dem Tag, an dem Du geboren bist,
Wurden alle Blumen geboren,
Und an den Taufbecken
Sangen die Nachtigallen.
Ich wäre gerne die Sonne,
Um durch Dein Fenster zu kommen,
Und Dich des Morgens zu begrüßen,
Wenn Du noch im Bette liegst.
Von den Sternen des Himmels
Würd ich Dir gern zwei runterholen:
Einen um Dich zu begrüßen,
Den anderen, um Dich zu verabschieden.
Schon wird es Tag
Und er hat uns das Licht gebracht ...

„Festlichkeit ist eine menschliche Form des Spiels, durch die der Mensch ein weites Feld des Lebens einschließlich der Vergangenheit in die eigene Erfahrungswelt integriert." (Harvey Cox, Das Fest der Narren – Das Gelächter ist der Hoffnung letzte Waffe, 1970, S. 15)

2. Lebenserfahrungen und Biographie im Pflegealltag

Wir widmen der Altenpflege hier einen eigenen Abschnitt. Wir werden einen Streifzug durch den Pflegealltag unternehmen und dabei untersuchen, wo in der alltäglichen Pflege Lebenserfahrungen eine Rolle spielen – das heißt, wo Lebenserfahrungen auftauchen und uns helfen, eine Verbindung zum Menschen bei der Pflege zu finden, aber auch wo Lebenserfahrungen uns eher behindern. Wir werden fragen, wie eine Einbeziehung von Lebenserfahrungen eine Bereicherung für die Pflege darstellen und Perspektiven eröffnen kann für eine Entwicklung der sozialpflegerischen Aspekte der Altenpflege.

Denken wir an Pflege, so scheinen Bilder auf:
▶ vom alternden Leib, der der Pflege bedarf,
▶ vom verfallenen oder durch ein arbeitsames Leben gezeichneten Körper,
▶ von schmerzenden oder von steifen Gliedern,
▶ vom kranken oder wundgelegenen Körper.

Bei der Sorge um diesen Leib, bei der Pflege und Wundversorgung, beim Waschen und Anziehen, beim Lagern, Heben oder Stützen stoßen wir uns eher an Lebenserfahrungen, die in den Verhaltensweisen und Äußerungen der pflegebedürftigen alten Menschen zutage treten. Wir erleben die Spuren des Gestern als störend, wenn sie uns im Eigensinn, in eingefahrenen Lebensgewohnheiten, im nicht Helfenlassenwollen oder in einer Unbeholfenheit unsere Arbeit erschweren.

Die biographische Perspektive in neueren Pflegekonzepten sucht diesen Störungen eine konstruktive Wende zu geben: es wird nach der Lebensgeschichte alter Menschen gefragt, nach seinem sozialen Werdegang, nach seinen Gewohnheiten, Vorlieben und Abneigungen, die in der Pflege Berücksichtigung erfahren sollen. Doch dieser biographische Ansatz scheint die tägliche Arbeit noch schwieriger und anspruchsvoller zu machen, verlangt er doch, Gleichgültigkeit im Umgang mit pflegebedürftigen Menschen aufzugeben. Bei der Umsetzung solcher Pflegekonzepte in den Pflegealltag werden eine Anzahl berechtigter Einwände vorgetragen, in welchen fast immer eine emotionale Akzeptanz dieser biographischen Perspektive, aber eine Abwehr des als unerfüllbar befürchteten Anspruches zu hören ist: die Orientierung von Tagesablaufstrukturen und Pflegeorganisation an den Erfordernissen einer Institution, fehlendes Personal für eine biographisch begründete Beziehungspflege, eine schwierige Zusammensetzung der Bewohnerschaft und nicht zuletzt der Verweis auf die Vielzahl schmerzvoller Leidensschicksale, die das eigene Herz brechen lassen. Pflegende befürchten, den Lebenswunden nicht gewachsen zu sein, Abhilfe schaffen zu wollen und nicht zu können und verweisen darauf, nicht über notwendige sozialtherapeutische Kompetenzen zu verfügen.

Suchen wir einen praktischen Weg in der Auseinandersetzung um das Für und Wider und die Hindernisse einer auf Lebenserfahrungen begründeten Altenpflege und befragen den Alltag in der Pflege selbst:

Wo scheinen Lebenserfahrungen auf, wo finden sie bereits Beachtung?

Prägungen und Zeichnungen des Lebens, die die Persönlichkeit eines Menschen bestimmen, erleben wir meist in den kurzen Augenblicken des Pflegealltages:

▶ Da sehen wir in dem zerfurchten Gesicht von Frau Abt auf ein langes arbeitsames Leben als Bäuerin, und die schalkhaften Augen machen neugierig, was sie im Leben alles gesehen haben.

▶ Da erinnert das Sofakissen von Frau Kast daran, daß sie eine Wohnstube besaß, die nur dann geöffnet werden durfte, wenn Besuch erwartet wurde. Die prüfenden Augen, ob die Pflegerin denn das Kissen auch mit dem richtigen Knick auf das Bett legen würde, könnte Anlaß sein für ein Gespräch über weitere Geschichten aus dem Familien- und Alltagsleben.

▶ Bedächtig und sorgfältig legt Frau Sommer jedesmal die Serviette zusammen, bevor sie bereit ist, den Gang zur Toilette zu nehmen. Wohin wandern ihre Erinnerungen dabei? Wie pflegte sie früher zu essen? Und auf welche Wert- und Verhaltensrituale achtete Frau Sommer sonst in ihrem Leben?

▶ Da steht Herr Paul steif und mit starrem Blick an der Tür des Schlafzimmers und beobachtet mit Adleraugen, wie die Pflegerin aufräumt und ob das Ehebett – noch wie vor zwanzig Jahren, bevor seine Frau verstarb – mit denselben Handgriffen in Ordnung gebracht wird. Ist die Zeit für Herrn Paul stehengeblieben? Was bedeutet das leere Bett für ihn, das täglich so aussieht, als würde es von seiner Frau selbst glattgestrichen? Wo lebt seine Frau für ihn weiter? Was haben sie in ihrem Leben geteilt?

▶ Da zeigt ein Foto auf dem Nachtisch von Frau Piehl eine attraktive junge Frau im Ballkleid. Die Pflegerin hebt die steifen und dürren Glieder von Frau Piehl und fragt sich: War sie eine gute Tänzerin? War sie gerne in Gesellschaft und stolz auf ihren schlanken Körper? Wie fühlt sie sich heute, und wie erlebt sie ihren steifen Körper?

Überall lugt das erfahrene Leben hervor und lädt ein zu Phantasien und Fragen, zu Spurensuche und dem Öffnen von Erfahrungsschätzen, die auch die unliebsamen und unbequemen Eigenarten verständlicher machen und ins rechte Licht rücken lassen. Es lädt ein zu Phantasien und eigenen Bildern, aber auch zu Fragen und zum Gespräch mit alten Menschen.

Geschichte lebt im Herzen der Pflegenden weiter

Pflegende könnten Bücher schreiben von diesen unzähligen Begegnungen mit alten Menschen. Viele von ihnen tragen diese Eindrücke und Geschichten alter Menschen im Herzen weiter. Sie „teilen die Nöte", wenn ihnen die Kränkungen des Lebens anvertraut werden oder wenn alte Menschen ihr Leid klagen über die „Undankbarkeit ihrer Kinder", die sie hier „alleine lassen".

Hier stehen Pflegende in Gefahr, in Mitleid mit den alten Menschen zu versinken. Dabei werden alte Menschen in ihrer Gegenwart und mit ihrer Vergangenheit beachtet, bleiben aber nur im Herzen der Pflegenden lebendig. Zu fragen ist, wie die Eindrücke und die durch Geschichten ausgelösten Gefühle, Bilder, Phantasien und Fragen über das Lebensschicksal in Fragen münden können, in einen Dialog mit dem alten Menschen. Hier wird es notwendig, Unterscheidungen zu treffen, um sich vor Überforderung zu schützen, um nicht Zuflucht nehmen zu müssen in Teilnahmslosigkeit und Gleichgültigkeit. Hier ist es von allergrößter Wichtigkeit zu trennen zwischen der eigenen Lebenswelt, den eigenen Lebenserfahrungen und denen alter Menschen:

▶ Welche Fragen lösen diese Eindrücke und mir anvertrauten Erlebnisse in meinem Leben aus? Welche Erfahrungen und Geschichten flackern in mir selbst auf, wenn ich mit meinem Herzen teilhabe am Leben alter Menschen? Welche Türen öffnen sie zu meiner Lebensgeschichte? Was schwingt von mir mit, wenn ich Partei ergreife in den Auseinandersetzungen zwischen den „mir Anvertrauten" und deren Kindern?

▶ Welche Fragen tauchen in mir auf, wenn ich an das Leben der alten Frau oder des alten Mannes denke? Was interessiert mich, was ist mir vertraut, und was befremdet mich? Welche Fragen mag ich ihnen stellen?

▶ Welchen Weg nimmt das Erzählen beim alten Menschen selbst: Ist es ihm eher weh und schmerzt das Erinnern? Oder lösen sich Verknotungen, weil sie erzählt und gehört werden? Wo findet der Lebensfluß durch das Erzählen ein neues Flußbett und kommt vielleicht auch eine lange zurückgehaltene Trauer ins Fließen? Und wo kommt der Lebensfluß ins Stocken, weil er alte Wunden berührt, die nicht berührt werden wollen? Wo wünscht sich die alte Frau oder der alte Mann ein offenes Ohr, wo Anteilnahme und wo ein Schweigen oder Ablenkung?

Unliebsame Verhaltensweisen

Erzählen können Pflegende auch viele groteske Geschichten. In der Dichte der Komik ist die Geschichte aufgehoben und doch

94

schwer zu entschlüsseln und aufzuschlüsseln für das, was sie an Botschaften für eine auf Lebenserfahrung begründete Pflege vermitteln. Verhaltensweisen, die sprachlos machen oder „an die Nerven gehen", sind gewohnterweise Anlaß, sich ein Bild von einem Menschen zu machen, das die Verhaltensweisen aus der Vergangenheit zu erklären versucht. Dabei läuft man aber Gefahr, biographische Anhaltspunkte auf Charaktereigenschaften zu reduzieren: „Die muß man hart nehmen, das ist sie so gewohnt" oder „die beiden darf man nicht an einen Tisch setzen, die kennt keine Tischmanieren aus ihrem Leben."

„Ja dieser Mann war schon immer so herrschsüchtig und kommandierend. Das erzählte mir die Tochter neulich aus ihrem Leben, und da dachte ich bei mir ‚kein Wunder, wenn sie so kaltherzig mit ihrem Vater umspringt'. Ja und im Alter verstärken sich solche Eigenschaften noch, also wir sollten ..."

Diese Gedanken einer Pflegerin beim Übergabegespräch zeigen den Versuch, eine Erklärung zu finden für die Schwierigkeiten mit Herrn Blum – Balance zu finden zwischen Geduld und Zorn, Hilflosigkeit und Handlungsfähigkeit. Sein jetziges soziales Verhalten wird dabei ganz auf dem Hintergrund aufscheinender Lebenserfahrungen gedeutet.

Was dabei verloren geht, ist der Blick auf die Situationen, in denen Herr Blum so herrschsüchtig wird – also auf den institutionellen Rahmen und auf die Beziehung zwischen Herrn Blum und dem Personal oder anderen Bewohnerinnen und Bewohnern. Die Ausschließlichkeit in der Benutzung von lebensgeschichtlichen Bezügen bei der Deutung von Konflikten und Konfliktlösungen und bei der Pflegeplanung versperrt gleichsam ein fragendes Interesse, die Suche nach Umgangsweisen mit seinen unerträglichen Verhaltensweisen und nach Möglichkeiten für Herrn Blum selbst, andere Seiten von sich geltend zu machen oder neue Verhaltensweisen zu erlernen.

Willkommen Widerstand –
wo Lebenserfahrungen zur Geltung kommen

Lassen wir unseren Blick weiterschweifen durch den Pflegealltag und weitere Situationen finden, in welchen Lebenserfahrungen zur Geltung kommen: In den alltäglichen Widerständen
und Zurückweisungen erleben Pflegende, was es heißt, wenn
sich alte Menschen zu wehren versuchen gegen ein Leben „als
Pflegefall" und darauf bestehen mit „ihrer Geschichte" gesehen
zu werden. Mein Blick fällt auf tägliche Zerreißproben, die
entstehen können, wo zwei Menschen ein Zimmer teilen müssen, aber nicht die innere Zustimmung dafür geben können.
Konfliktpotentiale können in verschiedensten Biographiebezügen liegen: wohlgemeint werden zwei sich bekannte Frauen
zusammengelegt, weil sie aus einem Stadtteil kommen. Doch
leider fragte sie niemand danach, welche Beziehung sie damals
miteinander pflegten. Eine Frau, die Zeit ihres Lebens alleine
lebte, teilt das Zimmer mit einer geselligen, lebensfrohen Frau,
und sie geraten immer wieder in heftige Streitigkeiten, weil die
Frau keine Rückzugsmöglichkeiten, keinen Ort der Ruhe und
Intimität finden kann. Hier wäre es eine sinnvolle Aufgabe von
Pflegenden, Gespräche zu führen, Möglichkeiten und Grenzen
einer Beziehung zwischen den beiden alten Frauen auszutesten
und die Lebenserfahrungen ins Gespräch mit einzubeziehen. In
Respekt und Achtung des Lebenshintergrundes – der Lebensgewohnheiten, des Umgangs mit Kontakt und Rückzug, der
Lebensgefühle, die mit Orten verbunden sind – kann eine neue
Auseinandersetzung um eine innere Zustimmung oder Ableh-
nung dieses Zusammenlebens erfolgen.

Eigensinn und Versuche, Einfluß zu nehmen auf Entmündi-
gungen und Beschämungen finden wir in vielen kleinen Szenen
des Pflegealltages:

▶ Herr Puhl schließt seine Schränke ab und verwahrt seine
Schlüssel vor den Pflegenden. Mit skeptischen Blicken antwortet
er den Pflegenden: „Ich weiß nicht, wo die Schlüssel geblieben
sind".

▶ Herr Hunz zieht immer dieselbe Kleidung an und möchte von einer Frau nicht gewaschen werden. Mit tötenden Blicken versucht er, die Schwester von ihrem Unterfangen abzubringen.

▶ Herr Gottstein scheut das Essen in der Gemeinschaft und will nicht „in der Anstalt" essen.

▶ Frau Kuhn fragt immer aufs Neue, was sie zu zahlen hat, und sucht vergebens ihre Geldbörse in der Handtasche.

▶ Frau Jahn sammelt stapelweise ihre Zeitungen und verbittet sich, nur eine einzige davon auszuräumen.

Wir könnten mit solchen Szenen Seiten füllen. Für gewöhnlich fallen uns zwei Verhaltensweisen ein, auf solche Eigenarten zu reagieren: „Eine Kapitulation vor der Lebensgewohnheit", also ein Verzicht auf die eigene Hilfeleistung oder aber „die List" oder „Macht der Pflegenden", mit welcher wir uns durchsetzen, mit der entschuldigenden Geste, daß da keine Überzeugung oder Einsicht helfe. Eine Auseinandersetzung scheint sinnlos und kräfteraubend, ein Einlassen auf Biographie und Gegenwart im Heim scheint versperrt. Was der alte Mensch „an Biographie" einsetzt, um seine Integrität zu wahren, und weshalb er so um Akzeptanz ringt, kann nicht mehr im Zusammenhang verstanden werden.

Vielzahl von Menschen – Vielfalt von Lebenserfahrungen

Ein weiterer Gesichtspunkt ist die Überforderung, die entsteht, wo Pflegende auf eine Vielzahl unterschiedlicher Menschen mit ihrem jeweiligen Lebenshintergrund stoßen. „Für alle da sein müssen oder wollen" ist eine Falle, die verbunden mit dem Anspruch, den einzelnen Menschen in seiner Biographie zu verstehen, zu einer schieren Überforderung wird. Auch hier reagieren wir für gewöhnlich durch eine Reduzierung der Vielfalt. Ein anderer Weg findet sich durch Sympathie und Antipathie. Dabei stellt sich für gewöhnlich von selbst so etwas wie eine „gewohnheitsmäßige Beziehungspflege" bei denselben

Bewohnern ein, also „die Lieblinge, die ich in mein Herz geschlossen habe" und die „Schreckgespenste, mit denen ich immer Konflikte habe und die ich lieber meiner Kollegin überlasse."

Vielzahl von Menschen –
Vielfalt sozialer Lebenswelten

Wo tauchen Lebenserfahrungen noch auf und suchen Geltung zu erlangen? Lassen wir unseren Blick einmal schweifen auf die Gänge und Flure, auf welchen sich Bewohnerinnen und Bewohner begegnen. Da kommen Welten zusammen, die wir sonst vielleicht auf einem Bahnsteig unter den wartenden Zugreisenden vermuten können: Menschen unterschiedlicher Generationen und Milieus, Menschen unterschiedlichen Bildungs- und Lebensstandards, Menschen verschiedener politischer Auffassung und Menschen unterschiedlicher Religionszugehörigkeit. Sie alle warten und haben ein Gemeinsames. Und vieles, was trennt und was sie scheut, in Kontakt zu treten. Manchmal entwickeln sich doch kleine Gespräche und man entdeckt, daß die eigenen Bilder bestätigt werden oder eine Person ganz anders ist, als vorgestellt.

Alte Menschen haben wie die Wartenden auf einem Bahnsteig auch etwas Gemeinsames: sie alle werden von einer Institution versorgt, sind pflegebedürftig. Aber das schließt im Unterschied zu einer Zugreise doch viele intime Seiten des Lebens ein und Alltagserfahrungen, die wir für gewöhnlich mit „Unseresgleichen" teilen: Wir versichern uns unserer Meinungen, Interessen, Gefühle und Handlungen und brauchen diese Rückversicherung „unter Gleichen" für unsere Identität und um in Kontakt oder Auseinandersetzung mit anderen zu treten oder uns abzugrenzen. Zu vielen sozialen Lebenswelten und Gruppen meiden wir für gewöhnlich den Kontakt und haben niemals Berührung in unserem Leben.

Im Heim kommen viele dieser Lebenswelten – plötzlich und unfreiwillig – zusammen. Gruppenbildungen und Ausgrenzun-

98

gen als Versuch der „Rekonstruktion von Lebenswelt" sind dadurch vorprogrammiert. Allerdings suchen mehr Menschen den Weg des „inneren Rückzuges" wie *Genevieve Herberich-Marx* betont:

> *„Der alte Mensch zieht sich in seinen Körper zurück, so wie er sich in seiner Wohnung einkapselt. Dort ist die letzte Zuflucht, über die versucht wird, die Herrschaft aufrechtzuerhalten."* (Genevieve Herbe-rich-Marx, Der verdrängte Körper, in: Gerd Göckenjan (Hrsg.), Alter und Alltag, Frankfurt/M. 1988, Seite 331 – 348, Zitat S. 334)

Im Mangel an Möglichkeiten sozialer Rekonstruktionen ist es eine verständliche Reaktion zur Wahrung des Selbst. Der einzelne kann sich an die Heimwelt anpassen, sich mit seinem Lebenshintergrund bedeckt halten und viele der damals wichtig gewesenen Werte und Sinnbezüge vergessen. Oder er kämpft gegen einzelne Menschen und deren Lebensstile, weil er durch sie konfrontiert wird mit Fremdem, früher Gemiedenem, vielleicht auch mit früher abgelehnten Menschen. Beim Versuch, sich einzufinden in die Heimwelt, scheint die eigene Biographie selbst im Wege zu stehen: man will nicht befragt werden nach früher und Seinesgleichen, man verstummt und entkoppelt sich und andere alte Menschen selbst von der Biographie.

Demente alte Menschen und ihr Erfahrungswissen

Wo Menschen von Institutionen versorgt werden, laufen wir immer Gefahr, Biographisches zu vernachlässigen. Viele Ansätze in Pflege, Sozialarbeit und Therapie versuchen dem gegenzusteuern, an Alltags- und Sinnstrukturen und an biographischen Bezügen anzuknüpfen. Dies geschieht auch besonders in der Arbeit mit desorientierten alten Menschen, weil sie durch mangelnde Anpassungsfähigkeiten besonders gefährdet sind, ihre Persönlichkeit zu verlieren. Welchen Umgang finden wir dort mit den Lebenserfahrungen?

Einzelne Ansätze in Ergotherapie und Sozialdienst versuchen, beispielsweise an Alltagserfahrungen wieder anzuknüpfen.

Demente Menschen sollen durch Übungen das Bild eines Waschlappens oder eines Kammes erkennen können unter einer Vielzahl beliebiger Gegenstände. Im Pflegealltag von dementen Menschen hat diese Übung selten die gewünschte Wirkung. Das läßt sich dadurch erklären, daß demente Menschen Anpassungsmöglichkeiten über eine gedankliche Rekonstruktion von Lebenshandlungen verloren haben. Sie erkennen den Kamm nicht begrifflich, können ihn nicht von anderen Gegenständen des Alltags funktional unterscheiden, solange Sinnbezüge fehlen. Solange auf dem gedanklichen Trockenplatz geübt wird, können sie ihre emotionalen Gedächtnisinseln nicht erreichen.

Auch Kochgruppen und Nähstuben scheitern an solcher Sinnentleerung ihrer Bemühungen: alte Frauen erinnern sich dabei an alte Kochrezepte und weit zurückliegende Erfahrungen, aber versinken in Beschäftigungsstunden, weil sie die Verbindung nicht herstellen können zwischen Vergangenheit, Alltag und Absicht.

Simone de Beauvoir schreibt: *„Man kann seine Vergangenheit nicht in der Weise haben wie einen Besitz. Um sie zu besitzen, muß ich sie durch eine Absicht lebendig halten." (Simone de Beauvoir, Das Alter, Hamburg 1977)*

Wenn alte Frauen von der Küchenleitung gefragt werden, ob sie beim Gemüseschneiden mithelfen mögen, hat das einen Sinnbezug und einen sozialen Bezug. Wenn demente alte Menschen einen Kuchen backen, weil er für das Fest bestimmt ist, kann das Backen zugleich Handlungssinn und soziale Verbindung erhalten und das emotionale Gedächtnis abrufen. Konflikte beim Essen, gerade für demente alte Menschen, entstehen, wo sie ihrer Sinnbezüge beraubt sind. Frauen wissen um ihre Erfahrung, sie wissen vom Kochen, von am Tisch essen, von Messer und Gabel. Sie wissen nicht um geschnittene Stullen auf dem eigenen Teller. Der Schatz der Erfahrung kann in der Gegenwärtigkeit des Erlebens nicht einbezogen werden, weil er sinnlich nicht abgerufen werden kann. Auch für demente alte Menschen ist diese Zerrissenheit von Alltags- und Sinnbezügen ein Verlust an Normalität und Lebenserfahrung. Solche Fehlstellen von Normalität und Lebenserfahrung sind in einer institutionellen Versorgung an vielen Stellen anzutreffen: überall dort, wo Normalität fehlt und erlernte Hilflosigkeit dominiert, können wir einen Mangel an Biographiebezügen vermuten. Hier kommt es darauf an, Einflußmöglichkeiten wieder herzustellen und auf alltagspraktische Erfahrungen zurückzugreifen. Die Neugier auf diesen Erfahrungsschatz alter Menschen – wie sie gegessen haben, wie sie gewohnt haben, wie sie gefeiert haben u.a. – kann hier Wunder wirken.

Biographischer Ansatz und Pflegedokumentation

An dieser Stelle möchte ich auf eine weitere Entwicklung in der Altenpflege aufmerksam machen, in der Lebenserfahrungen Berücksichtigung finden: auf die Pflegedokumentation.

Im Unterschied zu der Pflegedokumentation von Krankenhäusern finden wir hier Lebens- und Alltagsbezüge aufgenommen. Im Stammblatt werden meist lebensgeschichtlich wichtige Merkmale des Lebens erfaßt: seien es Kontaktpersonen, Lebensgewohnheiten, Vorlieben beim Essen etc.

Hier besteht die Gefahr, im gut gemeinten Bestreben, möglichst viele Lebensdetails zu erfahren und dadurch eine Art gläsernen Menschen zu schaffen, der nahezu alles aus seinem Leben preisgeben muß, weil dies für den Pflegeprozeß irgendwann einmal wichtig sein könnte. Viele dieser erfragten Informationen bleiben dann – unhinterfragt – in der Akte und können gar nicht im Alltag einbezogen werden, weil die Alltagsroutine und eine mangelnde oder unzureichende Pflegeplanung dies verhindern. Die Intimität der alten Frauen und der alten Männer wird dabei verletzt und die erfragten Einblicke in Lebensgewohnheiten und Lebenserfahrungen gerinnen zu erfaßten Daten und zu Etiketten und Stereotypen, die manchmal erhellend, meist jedoch festschreibend sind.

Für einen auf Lebenserfahrungen begründeten Pflegeprozeß ist es nicht notwendig, alte Menschen oder ihre Angehörigen auszufragen und einen möglichst umfassenden Biographiekatalog zu erstellen. Während der Pflege und des Alltages machen Pflegekräfte ihre Erfahrungen, erleben Situationen mit alten Menschen, die ihnen wichtige Aufschlüsse geben können über lebensgeschichtlich bedeutsam gewordene Verhaltensweisen und Lebensstützen alter Menschen. Nicht abgefragte Lebensdaten, vielmehr der Austausch über Begegnungen, über Situationen und die dabei gewonnenen eigenen Eindrücke, Gefühle, Phantasien und Gedanken sind die wesentlichen „Informationen", die im Teamgespräch zu einem Pflegeprozeß führen können. Wenn bei der Erarbeitung und Reflexion einer Pflegeplanung die damit verbundenden Aufschlüsse und Einsichten in den Lebenslauf eines Menschen „in den Beziehungen und Situationen bewahrt bleiben, aus welchen sie gewonnen wurden", sind Pflegekräfte davor geschützt, sich aus einer für die Pflegeplanung wichtig gewordenen Deutung über die momentane Situation eines Menschen, eine festschreibende Charakterisierung des betreffenden Menschen und ein Bild vom Leben dieses Menschen zu zimmern. Pflegekräften wird in intimen Gesprächen von alten Menschen oft Wichtiges aus der Biographie anvertraut, meist mit der festen Überzeugung, dies Gespräch bliebe unter vier Augen. Die Kenntnis über diese Lebenserfahrungen kann wichtige Aufschlüsse geben für eine Pflegeplanung. Wenn dieses Wissen zur Reflexion des eigenen Handelns und zum Verstehen von Zusammenhängen in Übergabegesprächen eingebracht wird und nicht benutzt wird, um damit Informationen und Charakteristika über den betroffenen Menschen zu dokumentieren, dann bleiben Pflegekräfte auf der Suche nach den jeweils gegenwärtigen Bedingungen von Konflikten und Schwierigkeiten, seelischem Leid und Unverständlichkeiten. Durch ihre direkte Einbindung in die Institution Heim können sie ohnehin keine direkten Rückschlüsse und Ursachen-Zuschreibungen auf die Biographie vornehmen.

Biographisches bleibt, wenn es auf diese Weise in die Pflegeplanung einbezogen wird, als Lebenserfahrenes bestehen, das die Gegenwart prägt (also auch deuten läßt), aber niemals die alleinige Erklärung für die Gegenwart darstellen kann. Ob biographisches Wissen also zur Erweiterung der Handlungsmöglichkeiten für Pflegekräfte einbezogen wird oder zu deren

Legitimierung durch eine Erfassung und Festschreibung in der Pflegedokumentation, hängt vom Konzept der Pflege ab.

Biographischer Ansatz und Pflegeplanung

Pflegeplanung unterstützt eine an den Lebensmöglichkeiten und dem Lebenssinn alter Menschen ausgerichtete Pflege. Eine Pflegeplanung, die biographisch begründet ist, läßt sich mit Hilfe des Identitätskonzeptes nach *Hilarion Petzold* entwickeln. Er geht bei seinem Konzept aus von dem Bild zentraler Säulen, die die Identität eines Menschen tragen, und lenkt unsere Aufmerksamkeit auf Erfahrungen – auf Lebenserfahrungen und gegenwärtige Erfahrungen des pflegebedürftigen alten Menschen, die wir in unserer Pflege fördernd einbeziehen können. Im Rahmen einer Beziehungspflege kann dieser Ansatz ein gutes diagnostisches Mittel für die Entwicklung von Pflegezielen und -maßnahmen werden. (Hilarion Petzold (Hrsg.), Mit alten Menschen arbeiten – Bildungsarbeit, Psychotherapie, Soziotherapie, München 1985, Seite 93 – 122, sich selbst im Lebensganzen verstehen lernen)

Der nachfolgende Leitfaden lenkt die Aufmerksamkeit auf den „Menschen, der pflegebedürftig ist" und bewahrt davor, ihn auf einen „Pflegebedürftigen, der seine Erfahrungen hat", zu reduzieren.

Die Stichworte zu den einzelnen Identitätssäulen sind als Anregungen zu verstehen, die Sie ergänzen können. Die Fragen zur Beziehungspflege helfen, nicht in eine Akribie der Informationssammlung zu entgleiten und die entwickelten Leitlinien zu beachten.

Identitätssäulen

▶ Leiblichkeit
▷ Gesundheit und Krankheit, Anamnese,
▷ Ernährungsweise, Ernährungsgewohnheiten, Eßgewohnheiten, Eßkultur,

▷ Körperpflege: Gewohnheiten und Eigenheiten,
▷ Bekleidung und Äußeres: gewohnte Kleidung und Mode, Schönheitsempfinden, Ästhetik,
▷ Körper und Berührung: Zärtlichkeit, Erotik, Sexualität,
▷ Körper und Bewegung: Bewegungsgewohnheiten, Mobilität und Bewegungsmöglichkeiten, Umgang mit Hilfsmitteln,
▷ Aktivität und Passivität: Ruhe- und Schlafgewohnheiten, Aktivitätsbedürfnisse,
▷ Wahrnehmung und Sinne: Vorlieben und Funktionsfähigkeiten der Sinnesorgane,
▷ geistige Bedürfnisse, Fähigkeiten und Möglichkeiten, Umgang mit Einschränkungen,
▷ Orientierung: in der eigenen Person, in Beziehungen, situativ, zeitlich, örtlich.

▶ Soziales Netz
▷ Partnerschaft (Ehe),
▷ Kinder und Angehörige (Verwandtschaft),
▷ Bezugspersonen, Freundschaften,
▷ Eingebundensein, soziale Verbundenheit mit Vereinen, Kirchengemeinde, Nachbarschaft u.a.,
▷ Beziehungen und Kontakte (Verhältnis) zu anderen Heimbewohnern,
▷ Beziehungen und Kontakte zu Pflege- und anderen Mitarbeitern.

▶ Arbeit und Leistung
▷ berufliche Erfahrungen, Erfahrungen als Hausfrau/Hausmann und (Groß-)Mutter/Vater, Bedeutung des Berufes, Wertschätzung der häuslichen und familiären Aufgaben,
▷ ehrenamtliche, soziale, politische und andere gesellschaftliche Tätigkeiten,
▷ Hobbys und kulturelle Interessen,
▷ Bedeutung von Leistung im Lebenslauf, Umgang mit eigenen Beschränkungen.

► Werte und Sinnhaftigkeit
▷ Bedeutung von Religion und Glauben im Leben, Bedeutung der Kirche, des Kontaktes zu Geistlichen.
▷ Was gibt/gab einmal Sinn im Leben?
▷ Was gibt/gab einmal Halt im Leben?
▷ Wert im Leben der Person, (besonders: Selbständigkeit und Selbstkontrolle als Wert, Umgang mit eigener Hilfebedürftigkeit),
▷ Woraus bezieht/bezog die Person Selbstwert, Selbstbewußtsein und Selbstachtung? Worauf ist/war die Person stolz? Was vermittelt/vermittelte das Erleben von Anerkennung und von Angenommensein? Woraus bezieht/bezog die Person Lebensfreude?
▷ Weltsicht und Menschenbild der Person, Bild vom (eigenen) Alter.
▷ Erleben von Hilflosigkeit, Umgang mit Einschränkungen, mit Erkrankungen, mit Sterben und Tod.

► Materielle Sicherheit
▷ finanzielle Situation (gegenwärtig, im Lebenslauf),
▷ gewohnter Lebensstandard und Lebensstil (Wohnen, Konsum etc.),
▷ rechtlicher Status (Ausübung des Wahlrechts, Pflegschaft u.a.),
▷ was bedeutet für die Person Heimat bzw. Zuhause? (Was gehört dazu, damit sie sich zu Hause fühlt?),
▷ Orientierung im Heim: Nimmt die Person die Heim-Lebenswelt an? Auf welche Weise setzt sie sich damit auseinander? Was bedeutet „Altenpflegeheim" für die Person? Welche Bewältigungsweisen hat sie im Umgang mit der institutionellen Versorgung entwickelt?,
▷ Intimität und Autonomie: Was braucht die Person an Intimität und Autonomie, an Nähe und Distanz, an Sich-anvertrauen und Geheimnisse bewahren?

► Beziehungsreflexion
▷ Wie erlebe ich die Person in Beziehung zum Personal, zu einzelnen Mitarbeitern? Gibt es Unterschiede?
▷ Wie erlebe ich die Person in Beziehung zu mir?
▷ Wie fühle ich mich oftmals in dieser Beziehung? (als wäre ich Tochter/Sohn, Mutter/Vater, Vertraute/Vertrauter, Dienstmädchen/Dienstbote ...)

► Reflexion meiner Beziehung
▷ Was mag ich an der Person?
▷ Was stört mich? Was befremdet mich?
▷ Was ist mir fremd – macht mich neugierig oder interessiert mich? Welche Fragen habe ich an die Person und ihre Geschichte?
▷ Womit habe ich Schwierigkeiten? Was stößt mich ab? Was ärgert mich? Was bedroht mich? Was ekelt mich?
▷ In welchen Situationen haben wir typische Konflikte miteinander?

► Pflege alter Menschen in Krisen:
Bei der Arbeit mit pflegebedürftigen Menschen, die sich in Krisen befinden, kann die Aufmerksamkeit auf Lebenserfahrungen und Lebensprägungen wertvolle Hinweise geben für eine Begleitung durch Krisen und Ängste. Wir können Ressourcen erschließen, die in der gegenwärtigen Krise und dem Erleben von Hilflosigkeit nicht sichtbar werden und vom Betroffenen selbst nicht mehr als eigen oder verfügbar erlebt werden, Ressourcen, die stabilisieren und eine Krisenbewältigung unterstützen können. Hier geben die Identitätssäulen wertvolle Hinweise.

► Pflege trauernder alter Menschen
Alten Menschen, die Verluste bewältigen und Formen des Trauerns suchen, kann eine begleitende Hilfe durch interessiertes Zuhören und Antworten auf ihr erinnerndes Durchwandern

des Verlorenen, einen wichtigen Halt im Leben geben und ihnen Mut machen weiterzuleben.

▶ Pflege von Menschen in ihrem letzten Lebensabschnitt
Die für die letzte Lebensphase so zentrale Arbeit der Lebensüberschau und Lebensbilanzierung können wir durch unser Interesse an den Lebenserfahrungen unterstützen. Wir steuern damit der Selbst- und Fremdentwertung des Alters entgegen, schaffen für viele Alleinstehende Verbindung und Hoffnung, daß sie doch Spuren hinterlassen und in Erinnerung bleiben.

▶ Der biographische Ansatz in besonderen Pflegesituationen
Alte Menschen haben Einfluß genommen auf ihr Leben, solange es Sinn hatte. Zu schnell verknüpfen wir in unserem Alltagsverständnis Sinnhaftigkeit mit Unabhängigkeit und Selbstkontrolle. Hier kann die Pflege gegensteuern und hilfebedürftigen Menschen Erfahrungen ermöglichen, die ihnen Sinnhaftigkeit vermitteln.
Alte Menschen können z.B. Einfluß nehmen auf die Eßkultur und Wohnraumgestaltung eines Heimes: Sie können sich dabei auf ihre Lebenserfahrungen, ihren Lebensstil und ihre Lebensgewohnheiten beziehen, ohne sich darauf einschwören zu müssen. In der Beteiligung an der Ausgestaltung des Eßraumes z.b. wird die Erfahrung der Macht und Einflußnahme reaktiviert und muß nicht auf den Besitz eines Möbelstückes und die Schlüsselgewalt darüber beschränkt werden.

▶ Vielfalt sozialer Lebenswelten im Heim
Durch Prinzipien von Normalität und Einbeziehung sozialer Lebenswelten können wir Effekten der Institutionalisierung entgegensteuern. Denn im Heim wird, wie allerorten, gestritten und verhandelt, entstehen Konflikte, müssen Möglichkeiten der Auseinandersetzung entwickelt werden – sei es zwischen Bewohnern oder zwischen Bewohnern und dem Personal. Das

kann vielfältige Formen annehmen. Zwei Beispiele seien hier als Gedankenanregung erwähnt:

▷ Erzählrunde: „Meine Lebenswelt, aus der ich komme"
Wichtige Anregungen für solche Erzählrunden befinden sich in anderen Kapiteln. In diesem Zusammenhang haben sie die Funktion, eine Kultur des Gespräches zu entwickeln – auch des Streitgespräches.

▷ Speiseplan erstellen
Zwischen Küchenpersonal und Bewohnern gibt es oft Anlaß zu Mißmut. Auch hier gibt es Wege, eine Kultur des Streites und Sich-Annäherns zu finden. Der Küchenchef, der damit beginnt, allwöchentlich im Speisesaal seinen Speiseplan mit den Bewohnern zu entwickeln, kann dazu anregen, wieder Wünsche und Eßgewohnheiten zu reaktivieren, kann sich vergewissern über das, was schmeckt und abgelehnt wird.

▶ Neue Bewohner

Die Übersiedlung ins Heim ist wie ein Nadelöhr, von der viele alte Menschen befürchten, ihre Lebenserfahrung zu verlieren. Verlust vertrauter Orte und von Autonomie, Verlust von Erfahrungs- und Lebenswelten sind mit dem Einzug ins Heim verbunden. Hier können wir Abschied und Neuorientierung durch Unterstützen von Trauerarbeit und ein Einbeziehen von Lebenserfahrung in die Lebenswelt des Heimes fördern. Die konkreten Aufgaben sind davon abhängig, wie die jeweilige Person sich verabschieden kann, welche Formen des Umgangs mit Verlusten sie entwickelt hat und auf welche Weise getrauert werden kann. Entscheidend ist, wie die betreffende Person gewohnt ist mit Unsicherheit umzugehen, sich im Fremden zu orientieren und sich einzufinden in einer ihr fremden Lebenswelt.

Es gibt vielfältige Anknüpfungspunkte für eine Beachtung der Lebensgeschichte bei der Eingewöhnung ins Heim:

▷ Gespräche während der Grundpflege über gewohnte Rituale beim Aufstehen, als man noch nicht im Heim war,

▷ Aussuchen eines Möbelstückes aus den „Beständen der früheren Wohnung" für das jetzige Zimmer im Heim,

▷ ein Besuch des alten Stadtteiles – nach einigen Monaten der Eingewöhnung ins Heim,
▷ eine Erzählrunde „Lebensorte – Orte prägten mein Leben".

▶ Körpererfahrung – alte Frauen und alte Männer
Was bedeuten körperliche Alterungsprozesse für alte Frauen und alte Männer? Der alternde Körper ist in besonderem Maße Ort der Lebenserfahrung und zugleich Verlust dieser Lebenserfahrung: Verlust, vielleicht der Erfahrung von Schönheit, Beweglichkeit und Sexualität. Der Körper wird durch die Pflegebedürftigkeit zentraler Ort der Erfahrung von Abhängigkeit im Alter. Der Körper ist unsere Hülle, durch den wir uns empfinden und der Welt mitteilen, er ist sozialer Körper. Im Alter erlangt er besondere Bedeutung, weil sich hier die Abbauprozesse besonders deutlich abzeichnen, weil hier das Herausfallen aus der Normen- aber auch Erfahrungswelt der Anziehung und des Begehrens besonders schmerzvoll empfunden wird, weil hier affektive und sexuelle Entbehrung erlebt werden können und zugleich ein Verlust an Intimität bei der Körperpflege.

Die Aufmerksamkeit auf den Körper zu richten bei der Entwicklung von Pflegekonzepten, ist durch die Betonung der sozialpflegerischen Aspekte in der Altenpflege noch wenig beschritten worden. Wir können davon ausgehen, daß die Suche nach „Wahrung der eigenen Persönlichkeit trotz aller Hilfebedürftigkeit" entscheidend beeinflußt wird durch die Beziehung, die der alte Mensch zu seinem Körper entwickelt hat, und dadurch wie er körperliche Veränderungsprozesse erleben kann. Die Einstellung zum eigenen alternden Leib wird aber auch durch das Interesse geprägt, das ihm die Umgebung entgegenbringt. Gleichgültigkeit und Verachtung, die wir sozial mit einem alternden Körper verbinden, haben hier negative Auswirkungen und vertiefen Kränkungen des Alters. Pflege kann ein wichtiges soziales Regulativ werden – in der Akzeptanz des alten Körpers, im Finden seiner eigenen Schönheit. Welche Pflegeweise kann dazu beitragen, daß Berührungen in der Pflege angenommen werden können als menschliche Berührungen? Welche Pflegeweise kann dazu beitragen, eigene Wünsche nach Gepflegtsein, nach Gekleidetsein oder nach Geschminktsein zurückzugewinnen? Hier hat Pflege eine wichtige Funktion in der Gegensteuerung von gesellschaftlichen Normen, Haltungen und Einstellungen, die das Ideal des jungen, funktionstüchtigen und attraktiven Körpers festigen.

Zum Nutzen biographischer Arbeit in der Pflege

Wir haben einen Streifzug gemacht durch den Pflegealltag, um zu erschließen, wo Lebenserfahrungen Bedeutung erlangen – förderlich oder hinderlich. Wir haben Leitlinien entwickelt, die uns helfen, Lebenserfahrungen auf eine Weise einzubeziehen, die Vergangenes, Gegenwärtiges und Zukünftiges in Verbundenheit hält. Wo fordert uns eine solche Sichtweise auf, unsere Perspektiven in der Pflege zu erweitern? Wo erschließen sich dadurch neue Handlungsspielräume und eine Entlastung von den körperlichen und seelischen Anstrengungen der Pflege? Wo erlangen wir mehr Einflußmöglichkeit für die pflegebedürftigen alten Menschen selbst?

▶ Nutzen: Die eigenen Ansprüche begrenzen
Gleichgültigkeit – als häufig gestellter Anspruch an die Pflegenden – kann aufgegeben werden, ohne daß die Pflegenden damit die Gleichgültigkeit als Schutzmantel gegen das Zuviel an Erfahrenem aufgeben müssen.
Pflegende können sich zutrauen, Interesse am einzelnen zu haben, aber nicht an allen einzelnen haben zu müssen. Signale für eine Zuwendung oder ein hilfreiches Abstandhalten finden wir in unseren Reaktionen und in unseren Gefühlen auf Menschen und in ihren Reaktionen auf uns. Eine solche Perspektive erfordert allerdings Teamarbeit und eine kontinuierliche Kommunikation, in der auch Unterschiede sein dürfen. Es erfordert ein Pflegekonzept, das eine „Pflege mit innerer

Distanz" unterstützt, was nicht zu verwechseln ist mit beziehungsloser Pflege. Wenn die eigenen Grenzen geachtet werden dürfen, respektieren wir unsere Geschichte und die des anderen mehr, als wenn wir versuchen, Prägungen hinzunehmen, die uns befremden, Peinlichkeiten runterzuschlucken oder Widerstände zu brechen.

Interesse am einzelnen zu haben, Unterschiede leben zu lassen, schließt eine Vielzahl sozialer Gefühle ein, die, weil sie sozial abgewertet sind, wir nicht immer leicht auszuhalten vermögen: Neid, Eifersucht, Konkurrenz und die Spielarten von Sichgegenseitigausspielen, Rivalität, Sich-einschmeicheln und so fort. Es erfordert von uns, alte Menschen nicht als kindisch abzustempeln, weil sie sich neiden, vielmehr wahrzunehmen, daß Neid zu den existentiellen Gefühlen des Lebens zählt.

▶ Nutzen: Das Helfen lernen
Alte Menschen müssen nicht unbegrenzt Hilfe haben und auf die ausschließliche Rolle des Hilfeempfängers festgelegt werden. Es erfordert von uns allerdings ein Entwickeln von Formen der Abhängigkeit, die nicht getragen werden von der Haltung „Wir wissen, was dir guttut" und „Wir sind da, weil du uns brauchst". Einflußmöglichkeiten für alte Menschen können sich erweitern. Wenn wir unsere Pflege in eine Beziehung einbetten, in welcher auch wir passiv bleiben und Empfangende von Erfahrungen werden, können wir aus der Geben-Empfangen-Einbahnstraße herausfinden. Auch schwerstpflegebedürftige alte Menschen gewinnen sozialen Einfluß und Verbundenheit, wenn wir um ihren Lebenshintergrund wissen und ihn respektieren können, sie sich nicht empfinden müssen als Arbeitslast oder unnütz leidendes Geschöpf und Verachtung fürchten in unseren Blicken auf ihren „verlebten" Körper.

▶ Nutzen: Beziehungspflege
Vieles nehmen wir an Lebenserfahrung im Alltag auf und lassen es in uns wirken, ohne den Faden aufzugreifen. Diesen aufzu-

greifen, bedeutet auch Fragen zu stellen, unsere Fragen zuzumuten. Fragen werden von uns oft mit dem Hinweis zurückgehalten, wir könnten alte Wunden aufreißen oder wir könnten angesichts unterschiedlicher Lebenshaltungen oder politischer Haltungen in unausweichliche Konflikte geraten. Festgefahrene Bilder, Meinungen und Erfahrungsmuster können sich aber nur dadurch verflüssigen, daß sie angestoßen, befragt und in Frage gestellt werden.

Das In-Beziehung-treten bewahrt uns dabei davor, in Erklärungswelten abzuwandern und Zuschreibungen zu vollziehen, die die alten Menschen in ihren gewohnten Erfahrungen und Verhaltensweisen gefangenhalten. Sie haben dann wenig Chancen, andere Verhaltensmöglichkeiten von sich zu aktivieren oder neue zu entwickeln.

3. Leitlinien für „biographische Pflege"

Welche Leitlinien können zusammenfassend entwickelt werden für eine Vergangenheit und Gegenwart in Verbindung haltende Pflege?

▶ Lebenserfahrungen und biographisches Verstehen sind nicht abzukoppeln von dem Menschen, der sie erfahren hat.
Dieser Leitsatz kann in mehrfacher Weise schützen vor einer Instrumentalisierung von Lebenserfahrung:

▷ Der Leitsatz hilft uns, nicht über einen Menschen Informationen zu sammeln und in gutgemeinter Absicht davon Gebrauch zu machen, was uns anvertraut wurde.

▷ Der Leitsatz hilft uns, Einsichten in Lebensgeschichte zu verknüpfen mit der Gegenwart der betreffenden Person und Zusammenhänge herzustellen zwischen Gegenwärtigem, Vergangenem und Zukünftigem.

▷ Der Leitsatz hilft uns, unsere Neugier und unser Einblickenwollen in Geschichte, aber auch unser Angewiesensein auf Bilder und Erklärungen durch denjenigen Menschen begrenzen zu lassen, der diese Geschichte gelebt hat. Der Leitsatz hilft uns, das Recht auf Vergessen und das Recht auf Nicht-mitteilen-wollen und Schweigen zu respektieren.

▶ Lebenserfahrung hat positiven Einfluß auf die Lebensqualität der Gegenwart alter Menschen, wenn wir Vergangenes durch eine Absicht lebendig halten.

Simone de Beauvoir bemerkt in ihrem Buch über das „Alter": *„Das Leben liegt nicht hinter uns wie eine Landschaft, in der wir beliebig –* auch als Fremde (Hinzufügung d. Verf.) *– spazierengehen können."* Absicht zu haben, heißt Hoffnung und Zukunft haben. Wenn wir unser Interesse an Lebenserfahrung mit einer Absicht verbinden, schützt es uns vor dem Eintauchen in eine „glücklichere Vergangenheit" oder dem Hinwegtäuschen über eine schale Gegenwart. Wir halten die Gegenwart lebendig und offen, reduzieren alte Menschen nicht auf ihre Erfahrung und ihr Verhaltensrepertoire.

▶ Das Einbeziehen von Lebenserfahrung verändert unsere Haltung zu alten Menschen – Beziehung statt Erziehung und Sorgetragen.

Ein sinnvoller Einbezug von Lebenserfahrungen in die Lebensgestaltung alter Menschen erfordert fragende Neugier am Menschen und seinen Empfindungen. Unsere wohlgemeinten Absichten und Wünsche nach Gepflegt- und Versorgtsein werden in der Pflegebeziehung beständig in Frage gestellt und begrenzt durch den alten Menschen und seine anderen Wünsche, Interessen und Gewohnheiten. Diese Haltung schützt uns vor erzieherischen Maßregelungen oder einer fraglosen Sorge, einem Denken und Handeln anstelle und für alte Menschen. Wir üben uns in der Orientierung an Erfahrung anstelle der Orientierung an Werten und Normen und an Maßstäben einer qualifizierten Pflege. Diese werden durch unseren Leitsatz nicht überflüssig, aber in einen „barmherzigen" Lebenszusammenhang gestellt.

▶ Wir lassen uns von Lebenserfahrung berühren und fühlen mit, ohne mitleiden zu müssen.

Menschen zuzuhören und zuzusehen, ihren Prägungen und Erfahrungen Raum zu geben, heißt nicht notwendigerweise mitzuleiden und in ihren Schicksalen zu verschwimmen. Wenn unser Handeln durch eine Absicht für die Lebensgestaltung getragen wird, wir ein Gegenüber bleiben in der Beziehung zum alten Menschen (uns also nur bewußt identifizieren), schützen wir uns vor dem Abtauchen in vermeintliche Leidensgeschichten. Dort, wo wir angerührt sind, wird es wichtig, Klärung zu bringen: Sind wir eingetaucht in unsere eigene Lebenserfahrung? Folgen wir mit unseren Gedanken und Gefühlen den Erinnerungen und Lebensspuren, werden ängstlich und verlieren aus dem Blick, wie es dem alten Menschen selbst dabei geht? Wann tauchen wir mit unseren Gefühlen in eine Erinnerung ein, die der alte Mensch, weise und absichtsvoll, ganz unbeteiligt erzählt, um sich dabei vor dem Schmerz des Vergangenen zu schützen? Oft können wir beobachten, daß alte Menschen auch schwierigere Lebensphasen unbeschadet in der Erinnerung durchwandern, als wir ihnen zuzutrauen vermögen. Wir selbst fühlen uns unsicher, scheuen uns aber zu fragen oder unsere Fragen zuzumuten. Wir überprüfen nicht, woher unsere Zurückhaltung rührt.

▶ Interesse an Lebenserfahrung haben heißt nicht, daß die Erfahrungen wieder allgegenwärtig werden müssen.

Bei der Suche nach Lebenssinn und Lebensfreude für alte Menschen sind wir schnell dabei, das was mit schönen Erinnerungen verknüpft wird, auf die Gegenwart übertragen zu wollen.

Sinn machen die Erfahrungen in ihrem jeweiligen geschichtlichen und sozialen Kontext, in welchem sie gelebt wurden. Sie verlieren an Sinn, wenn wir versuchen, sie umstandslos in die Gegenwart zu tragen. Die schönen Erinnerungen können uns Hinweise geben auf Lebenswertes, Liebgewonnenes und Vertrautes, ein Lieblingsessen, eine Lieblingsmusik, eine vertraute hausfrauliche Tätigkeit, ein Hobby oder einen Beruf. Versuchen wir diese Erfahrungen umstandslos zu nutzen für die Alltagsgestaltung der alten Menschen, ignorieren wir den Verlust solcher Gewohnheiten und der damit verbundenen Sinnbezüge und sozialen Beziehungen. Ein Lieblingsessen mag öde schmekken, wenn ich es jeden Sonntag serviert bekomme und der vertraute Tischnachbar, der Ehemann fehlt. Das Bügeln im Speisesaal mag sinnentleert werden, wenn sich eine alte Frau zwar damit beschäftigen und beruhigen kann, aber nicht die Hemden für ihre Liebsten bügelt.

Wir verkennen dabei auch die möglichen Funktionen, die das Erzählen von schönen Erinnerungen haben kann: Den Prozeß des Abschiednehmens, den Prozeß des Durchwanderns des eigenen Lebenslaufes am Ende eines Lebens. Das Erzählen kann auch der Vergewisserung vergangener Fähigkeiten in der Phantasie dienen, der Aufrechterhaltung des Möglichen angesichts so vieler Verluste. Frühere Fähigkeiten werden in der Phantasie bewahrt, um nicht nur mit Grenzen und der steten Erfahrung des „es geht nicht mehr" leben zu müssen. Ein Versuch, diese vergangenen Fähigkeiten zu reaktivieren, kann dann möglicherweise eine erneute Verlusterfahrung bewirken oder die sinnvolle Illusion zerstören, das „ich könnte, wenn ich wollte" oder „ich könnte, aber es geht hier nicht", das stabilisierend auf das Ich wirken kann.

4. Organisation, Leitung und Moderation von Gesprächsgruppen

Vielleicht

Erinnern
das ist
vielleicht
die qualvollste Art
des Vergessens
und vielleicht
die freundlichste Art
der Linderung
dieser Qual.

Erich Fried

Vielleicht, aus: Es ist was es ist,
© Verlag Klaus Wagenbach, Berlin 1983

Bevor ich sterbe

Noch einmal sprechen
von der Wärme des Lebens
damit doch einige wissen:
Es ist nicht warm
aber es könnte warm sein.

Bevor ich sterbe
noch einmal sprechen von Liebe
damit doch einige sagen:
Das gab es
das muß es geben.

Noch einmal sprechen
vom Glück der Hoffnung auf Glück
damit doch einige fragen:
Was war das?
Wann kommt es wieder?

Erich Fried

Bevor ich sterbe, aus: Lebensschatten. Gedichte,
© Verlag Klaus Wagenbach, Berlin 1981

Gespräche organisieren

Wie eine Gesprächsrunde zusammengesetzt ist, welches Gesprächsklima in ihr herrscht und was inhaltlich zur Sprache kommt hängt zu einem großen Teil davon ab, wie der äußere Rahmen gestaltet ist. Manches davon mag unverrückbar vorgegeben sein, vieles kann jedoch verändert und verbessert werden. Im Folgenden führen wir einige maßgebliche Rahmenbedingungen an, die bei der Organisation lebensgeschichtlicher Gesprächskreise zu beachten sind.

▶ Ort und Institution
Eine starke Vorgabe ist der Ort, an dem die Gespräche stattfinden, und die dahinterstehende Institution mit ihren besonderen Richtlinien und Möglichkeiten. Unterstützt die Institution dieses Vorhaben und hilft z.B. bei der Werbung der Teilnehmer? Welche Zielgruppe kann die Institution erreichen, welche nicht? Was erwartet die Institution, z.B. die Volkshochschule oder die Pfarrei, von so einem Projekt?

▶ Der Raum
Der Raum selbst sollte leicht zu finden bzw. zu erreichen sein. Er sollte nicht wesentlich größer sein als die Gesprächsrunde, die sich sonst darin leicht verloren vorkommt. Ermüdungserscheinungen treten oft nicht wegen des Themas, sondern wegen unzureichender Beleuchtung und Belüftung auf. Besonders ältere Menschen sind sehr empfindlich gegen störenden Nachhall und Nebengeräusche. Es empfiehlt sich auch, auf Hörhilfen zu achten. Für die gesamte Dauer des Gesprächs sollte der Raum vor fremdem Zutritt abgesichert sein und möglichst nicht von einer unmittelbar folgenden Veranstaltung beansprucht werden.

▶ Essen und Trinken
Die Gesprächsatmosphäre wird deutlich verändert, wenn Kaffee und Kuchen oder sonstige Imbisse einbezogen werden. Das kann zur unverzichtbaren Gewohnheit zählen oder eine belebende Neuerung darstellen. Um allzu große Unruhe während der Gespräche zu vermeiden, empfiehlt es sich, eine Essens-

pause vorzusehen – am Beginn, zwischendurch oder gegen Ende der Veranstaltung. Zu hohe Unkostenbeiträge können übrigens ebenso hemmend sein, wie die Scham, etwas umsonst anzunehmen.

▶ Die Zeit

Was die Zeiten betrifft, so sind die ortsüblichen Gewohnheiten der verschiedenen Zielgruppen genau zu bedenken (Wochentag, Tageszeit, Jahreszeit). Kollisionen mit einschlägigen Parallelveranstaltungen sind möglichst auszuschließen. Regelmäßigkeit der Treffen ist sehr wertvoll, weil sie so zur festen Einrichtung werden können, wenn auch nur für die Zeit eines Projekts. Optimal sind unserer Erfahrung nach 14tägige Treffen; dann besteht genügend Abstand zur guten Vorinformation und Vorbereitung, aber auch hinreichende Kontinuität. Die ersten Gesprächsrunden dauern meist nicht sehr lange – etwa eineinhalb Stunden. Sobald sich eine gemeinsame Gesprächskultur entwickelt hat, weiten sich die Gespräche auf zwei Stunden und länger aus. Die Teilnehmer kommen dann auch gerne etwas früher und gehen später, um im kleinen Kreis zu reden und auch Privatgespräche zu führen. Da dieser persönliche Austausch durchaus zu den Zielen dieser Art von Arbeit gehört, empfiehlt es sich, diesen informellen Gesprächen eine gewisse Zeit einzuräumen. Um so wichtiger ist es dann jedoch, das eigentliche Gruppengespräch durch eine klare Aufforderung zur Ruhe, durch eine offizielle Begrüßung und Einleitung und durch Wiederholung des Themas und einiger Einzelfragen ausdrücklich zu beginnen.

▶ Die Sitzordnung

Grundsätzlich sollte jeder im direkten Blickkontakt mit allen anderen sitzen, also in einer Runde. Herausragende oder abseitige Sitzpositionen sind ebenso zu vermeiden wie größere Sitzlücken durch leere Plätze. Viele Teilnehmer sind allerdings gerade am Anfang solcher Gespräche eher verunsichert, wenn die Moderatoren (falls es mehrere sind) getrennt und unauffällig mitten unter ihnen sitzen und ihre Rolle so nicht schon äußerlich irgendwie sichtbar machen. Zu weite Abstände fördern unpersönliche Distanz und den peinlichen Eindruck einer unmaßgeblichen Versammlung. Ähnliches gilt auch hinsichtlich zu großer Tische vor und zwischen den Teilnehmern. Große Enge und Nähe kann hingegen am Beginn unangenehm sein, während Gedrängtheit bei größerer Vertrautheit ein wohliges Gefühl von Wir-Bewußtsein gibt. Also notfalls vor dem endgültigen Beginn ein entsprechendes Stühlerücken veranstalten, möglichst gemeinschaftlich: Das signalisiert bereits einiges vom beabsichtigten Umgangsstil. Sehr günstig sind lückenlose Kreise aus einzelnen Stühlen mit einer an der Armlehne herunterklappbaren Auflagefläche bzw. einem Kreis aus Tischen davor.

▶ Teilnehmerzahl
Mit fünf oder auch nur drei Teilnehmern kann eine Gesprächsrunde durchaus schon starten. Weitere Bewerbung und die Mundpropaganda der ersten Teilnehmer selbst wird den Kreis allmählich ausweiten. Da eine zu hohe Fluktuation allerdings keine Gruppe ergibt, ist bald ein stabiler Kern wichtig. Dabei sind dann acht bis zwölf ständige Teilnehmer schon recht beachtlich. Zwanzig Teilnehmer bilden etwa die Obergrenze, mehr sind in ein echtes Gruppengespräch nicht zu integrieren.
  Zu beachten ist: lebens- und alltagsgeschichtliche Gesprächsgruppen erfordern und bieten eine neue Qualität, es geht nicht um Quantität! Eine größere Nachfrage wäre natürlich erfreulich, müßte aber in der Forderung nach dem Aufbau einer weiteren Gruppe münden und nicht in einer Massenveranstaltung. Zur Qualität dieser Art von Bildungsarbeit gehört auch, daß möglichst mehrere Personen die Gruppe leiten. Man kann sich so die Aufgabe von inhaltlichen Fragen und Moderation der Beiträge viel besser teilen und auch ab und zu für einander einspringen. Damit sind Niveau und Kontinuität besser abgesichert, als wenn nur eine Person für alles zuständig ist.

▶ Anrede
Persönliches Erzählen wird gefördert, wenn sich alle Teilnehmer möglichst bald auch namentlich kennen. Hier helfen Namenskarten mit großer Aufschrift. Neue Teilnehmer sind ausdrück-

lich vorzustellen und in die Runde einzuführen. Wenn eine Gesprächsrunde schließlich mehr oder weniger konstant wird, so stellt sich meist eine feste Sitzordnung ein. Sie ist besonders für ältere Menschen eine Stütze, einander wiederzuerkennen.

Häufig sind einige Teilnehmer untereinander oder mit den Moderatoren bekannter als mit anderen und pflegen die Anrede: „Du". Hier kann der aus Schulklassen unangenehm bekannte Eindruck von besonderen Lieblingen entstehen. Auf Dauer erweist es sich am besten, das Problem einmal offen anzusprechen und alle Teilnehmer zu bitten, es für sich zu überdenken und Vorschläge zu machen. Solange mit einigen noch die „Sie"-Form besteht, muß jedenfalls auch die ganze Gruppe so angeredet werden.

▶ Checkliste

Bevor Sie mit einer Gesprächsrunde zu alltags- und lebensgeschichtlichen Fragen beginnen, überprüfen Sie mit Hilfe dieser „Checkliste", ob Sie an alles gedacht haben:

▷ Welche Institution gibt die Räumlichkeiten und hilft vielleicht auch bei der Organisation der Veranstaltung?

▷ An welche bestehenden Vereine kann ich mich wenden (Gesangsvereine, Heimatforschervereine, Frauenclubs etc.?). Welche Schulen/welche Lehrer hätten Interesse?

▷ Welche Finanzierungsmöglichkeiten gibt es?

▷ Welche Erwartungen knüpfen die Besucher an das Angebot? (soziale, religiöse/weltanschauliche Zugehörigkeit der Teilnehmer)

▷ Wie sehen die Rahmenbedingung der Veranstaltung aus? (Kaffee, Kuchen, Sitzordnung, Kassettenrecorder etc.)

▷ Welche Uhrzeit ist günstig? (Nachmittagstermin für ältere Teilnehmer, die allein kommen oder einen längeren Anfahrtsweg haben)

▷ Wie oft sollen die Treffen stattfinden(monatlich, vierzehntägig oder wöchentlich), und wie lange soll das Projekt insgesamt dauern?

▷ Welche technische Ausstattung steht zur Verfügung? (Videorecorder, Diaprojektor, Episkop etc.)

▷ Wenn es mehrere Organisatoren gibt: Wer erklärt sich für welche Aufgabe zuständig?

▷ Wie lautet das Thema, welcher Einstieg ist sinnvoll? (kurze Lesung, Lied, Gerüche, ein alter Gegenstand etc.)

(Vgl.: Elisabeth Wappelshammer, Theresia Weber, Auch Lebensgeschichte ist Geschichte. Ein Leitfaden für autobiographisches Erzählen und Schreiben, Wien, 1987)

Gespräche leiten und moderieren

Bei der Leitung und Moderation einer Gruppe sind vor allem zwei Ebenen zu beachten: die inhaltliche und die emotionale. Das Augenmerk muß sich darauf richten, was gesagt wird und wie sich die Teilnehmer verhalten und auf die anderen beziehen. Leitung gibt die Richtung und die Form der Gespräche vor; Moderation hilft, die eigenen Kräfte der Gruppe hervorzubringen und unterstützt die Gruppenprozesse.

▶ Beteiligung der Teilnehmer

Die Beteiligung der Teilnehmer beginnt mit der Ankündigung eines Gesprächs. Schriftliche Einladungen und Plakate informieren über Inhalte und Form der Veranstaltung. Neben optischen Blickfängen geht es zunächst um eine nähere Bestimmung von Qualität, Zeit, Ort etc.: Wer, Was, Wann, Wo; beim Wie möglichst auch inbegriffene Leistungen (Getränke, Speisen) und etwaige Unkosten (Eintritt) nicht vergessen. Vor allem ist das Thema näher zu kennzeichnen. Entscheidend sind dabei Fragen und Vermutungen, die persönliche Erinnerungen der Teilnehmer wachrufen. Wichtig ist besonders am Anfang auch der Hinweis, daß es um persönliche Lebenserfahrungen und Erinnerungen abseits des bekannten Schulbuchwissens geht. Es ist zwar recht aufwendig, die Teilnehmer persönlich einzuladen bzw. anzuschreiben, doch kann so gerade am Beginn von Gesprächsrunden eine gewisse Verbindlichkeit hergestellt werden. Außerdem erhalten viele ältere Menschen wenig Post. Sie freuen sich daher über solche Einladungen ganz besonders und nehmen auch die Vorbereitung auf das angekündigte Thema besonders ernst.

▶ Den roten Faden halten

Der vorher gesteckte Rahmen eines Gesprächsthemas sollte nicht allzu weit überschritten werden. Das Zusammentreffen erhält sonst leicht den faden Beigeschmack der Beliebigkeit. Größere Abschweifungen lassen sich am besten vermeiden durch kurze Zusammenfassungen einzelner Beiträge. So kann das Thema neu ins Spiel gebracht werden. Den Redefluß in einer kurzen Pause zu unterbrechen, erfordert viel Rücksicht auf die Verletzbarkeit des Sprechenden. Außerdem ist es oft gar nicht so leicht, festzustellen, ob jemand beim Erzählen abschweift oder ob es bloß Zeit braucht, bis die Pointe kommt. Lebensgeschichtliche Erzählungen beantworten nur selten kurz und prägnant die gestellte Frage. Viel öfter beschreiben sie einen langen Bogen, an dessen Ende erst die Logik der Geschichte deutlich wird. Hier muß daher die eigene Ungeduld gezähmt werden.

▶ Aktivierung von Teilnehmern

Auch der Verlockung, sich nur an die redegewandten „Zeitzeugen" zu wenden, ist zu widerstehen. Blicke und Fragen können auch die Wortkargeren und Schüchterneren aufmuntern, etwas beizutragen. Einen gehemmteren Teilnehmer kann man gut zum Sprechen bringen, indem man sich neben ihn setzt und vor dem gemeinsamen Gespräch noch ein wenig plaudert. Das ermöglicht einen fließenden Übergang zum Gruppengespräch. Eine weitere Möglichkeit, Teilnehmer zu aktivieren, besteht darin, eine Frage reihum beantworten zu lassen. Das dauert allerdings sehr lange bei umfassenden Antworten. Diese Vorgehensweise kann auch als starker Druck empfunden werden, daher ist es besser, damit zu warten, bis die Gruppe für die einzelnen Teilnehmer eine emotionale Stütze bildet. Die Beteiligung der Gesprächsteilnehmer muß sich nicht unbedingt sprachlich äußern. Sie kann auch ihren Ausdruck in konzentriertem Zuhören, einem wacheren, selbstbewußteren Blick oder in einer gesteigerten Beachtung des eigenen Äußeren finden. Ein Beispiel: Eine alte Dame kam zwei Jahre lang in eine Gesprächsrunde und beteiligte sich nicht am Gruppengespräch. Trotz schwerer Gehbehinderung kam sie aber so oft sie konnte, legte zunehmend Wert auf gutes Aussehen und gründete schließlich mit anderen Teilnehmern eine kleine Englisch-Konversationsrunde.

▶ Haltung des Zuhörens

Ein für Gesprächsgruppen zentrales Beziehungselement ist wirkliches Zuhören, das durch starke Sympathien und Antipathien gleichermaßen gestört werden kann. Solche Gefühle verführen bei Teilnehmern und Leitung nämlich leicht zu ständigen Zustimmungen oder Ablehnungen, die sich eigentlich auf die Person und nicht auf die Sache beziehen. Je bewußter man sich solche Gefühle macht, umso leichter gelingt es, sich auf das Thema zu konzentrieren. Für das Zuhören stellt sich auf diese Weise allmählich gegenüber allen Teilnehmern eine gleichmäßige Haltung jenseits von Sympathie und Antipathie ein. Aus dieser Haltung heraus sollten Gesprächsleiter die Gruppenprozesse ständig im Auge behalten und beobachten, wer sich zu Wort meldet, wer von den anderen Teilnehmern übergangen oder angegriffen wird, welche Koalitionen im Gespräch zustandekommen, wer eine Geschichte schriftlich vorbereitet hat, aber zu schüchtern ist, um sich zu melden.

▶ Anregung zu detailreichem Erzählen

Moderation bedeutet vor allem, die Gruppe darin zu unterstützen, alle vorhandenen Fähigkeiten zu entfalten und zu nutzen. Dazu gehört eine sehr offene Haltung gegenüber inhaltlichen Aussagen – selbst wenn sie den eigenen Vorstellungen widersprechen. Sprechverbote (auch indirekte) hemmen die Teilnehmer, wahrhaftige Geschichten zu erzählen. Das bedeutet z.B., daß auch im Rahmen einer Pfarrei von leidvollen Erfahrungen mit der Kirche erzählt werden darf oder in einem Gesprächskreis einer städtischen Volkshochschule, warum man gerne beim Bund deutscher Mädel war. Als Grundregel gilt hier ganz besonders, daß es um Erfahrung und nicht um einen Schlagabtausch der Meinungen geht. Denn es ist etwas anderes, ob ich mich darum streite, ob nun die deutschen Konzentrationslager oder die russischen Kriegsgefangenenlager mehr zu verurteilen sind, als wenn ich genau beschreibe, wie mein Alltag in der Zeit des Nationalsozialismus ausgesehen hat.

Die genaue Besinnung auf die eigenen Erinnerungen ist die einzige Chance, festgefahrene Vorurteile und Ressentiments zu verflüssigen. Ein Prinzip lebensgeschichtlicher Gesprächsführung ist daher, detailreiche Erzählungen anzuregen und nicht zu schnell über die einzelnen Phasen des Lebensbogens hinwegzuhuschen. Woraus bestand z.B. die HJ-Uniform? Wo hat man sie bekommen, wann das erste Mal angezogen, was war damals für ein Wetter, was haben die Eltern, die Nachbarn, die Schulfreunde gesagt etc.? Auf diese Weise können aus einzelnen Begriffen ganze „Bilderbücher" werden – nicht nur Schwarzweißschablonen.

Unterstützend wirken dabei Fotos aus Kindheit und Jugend: Welche Personen sind darauf zu sehen, und welche Erinnerungen verbinde ich mit ihnen? An welche Räume erinnert mich das Foto? Woran erkennt man das Milieu, aus dem ich stamme, inwiefern war ich ein Kind meiner Zeit, wie erging es mir als Bub oder Mädchen? Fotos eignen sich in besonderer Weise für Einzelgespräche. Mit Hilfe eines guten Episkops lassen sie sich aber auch in Gruppen einsetzen. Ein Schatz von Geschichten liegt schließlich auch in Gerüchen verborgen. Schon eine kleine Auswahl von Knoblauch, Schichtseife, Anis und Schokolade läßt Erinnerungen an frühere Zeiten im Nu lebendig werden. Auch an einem Geruch hängen bestimmte Orte, Personen, soziale Verhältnisse und politische Umstände. Bewährte Gesprächseinstiege sind auch alte Gegenstände, kurze Lesungen aus Autobiographien (siehe Auswahl in Literaturliste) oder Lieder „von früher".

▶ Gesprächsleitfaden

Für die inhaltliche Seite der Gesprächsführung ist es ratsam, sich mit einem Katalog möglichst erfahrungsnaher inhaltlicher Fragen im Umkreis des jeweiligen Themas vorzubereiten. Ein solcher Gesprächsleitfaden sollte nicht rigoros abgehakt werden. Er dient der eigenen Unterstützung, damit das Gespräch nicht stockt oder auf Abwege gerät. Eine gute inhaltliche

Gesprächsvorbereitung besteht also vor allem darin, zu dem allgemeinen Oberthema eines Gesprächs viele Detailfragen nach konkreten Erlebnissen zu finden. Nur so werden detailreiche Erinnerungen geweckt und erfahrungsnahe Erzählungen angeregt.

Diese Aufgabe wollen wir am Beispiel von „Kindheit" veranschaulichen:

▷ Namensgebung: Wer hat Ihren Namen bestimmt, sind Sie nach einem Verwandten, einem Paten oder einer Person aus dem öffentlichen Leben benannt? Verbindet sich mit dem Namen ein bestimmtes Programm (z.B. Hoferbe zu sein oder zukünftige Nonne)?

▷ Erziehung: Wer hat sich damals um Sie gekümmert? Was hat man von Ihnen als Kind erwartet? Sollten Sie daheim sobald wie möglich mitarbeiten oder mit dem Kindermädchen in den Park gehen? Welche Strafen haben Sie als Kind kennengelernt?

▷ Wohnen: Wie sah das Haus/die Wohnung aus, wo Sie als Kind lebten? Hatten Sie ein eigenes Zimmer/ein eigenes Bett? Wer lebte dort zusammen? Wie war der Tagesablauf?

▷ Das leibliche Wohl: Was haben Sie gegessen, was mochten Sie besonders gern? Wie waren Sie als Kind gekleidet? Wann und wo wurde damals gebadet? Welche Vorstellungen von Hygiene haben Sie in der Kindheit erlebt?

▷ Spiele: Womit haben Sie gespielt und mit wem? Wann haben Sie gespielt? Welche Spiele waren für Buben, welche für Mädchen, und haben Sie diesen Vorstellungen entsprochen oder nicht?

▷ Schule: Wie sah der Schulweg aus? Durch welche Felder oder Straßen führte er, welchen Personen begegneten Sie, was erlebten Sie auf diesem Weg? Welche Bedeutung hatte Schule in Ihrer Familie, in der Nachbarschaft, bei den anderen Kindern? Wie sahen Schule und Klassenzimmer aus? Welchen Lehrer hatten Sie? Wie war der erste Schultag?

▷ Feste: Wie haben Sie als Kind Feste gefeiert? Welche Bedeutung hatte dabei die Religion/die Weltanschauung Ihrer

Umwelt? An welches Fest können Sie sich besonders gut erinnern?

Solche Fragenkataloge sind nie vollständig. Sie lassen sich immer mehr verfeinern und ausweiten. Mit einer einzelnen Frage kann man daher oft mehrere Gesprächsrunden verbringen.

▶ Der Umgang mit Gefühlen

Erzählungen zu persönlichen Fragen sind voll von Gefühlen. In Gesprächsrunden wird gelacht, gemurrt, gestritten, geweint und gewitzelt. Es fallen sarkastische Bemerkungen, es herrscht betretenes Schweigen, und manchmal findet ein Taschentuch ein gerührtes Auge. In diese Vielfalt von Gefühlen ist auch die Gesprächsleitung miteingebunden. Es gehört daher mit zu einer solchen Arbeit, sich immer wieder bewußt zu werden, welche Gefühle einen gerade selber bewegen oder im zurückliegenden Gespräch bewegt haben. Auch bei Vermutungen über Wünsche und Abneigungen der Teilnehmer raten wir zur selbstkritischen Frage, ob ihnen nicht die eigenen Wünsche und Ängste zugrunde liegen. Häufig verbinden sich solche „Projektionen" mit dem Gefühl der Peinlichkeit.

▷ Pausen

Sie werden oft als peinlich empfunden und deshalb durch übereiltes Fragen oder Reden rasch zuzudecken versucht. Dabei hätte nachdenkliches Schweigen vielleicht die Intensität einer verklungenen Erzählung so gesteigert oder ruhiges Überlegen vor einer neuen Frage womöglich derart überraschende Wendungen eröffnet, daß man dies selber nur schwer ertragen hätte, obwohl es für den Gesprächsverlauf wichtiger gewesen wäre.

▷ Abschweifungen

Innerhalb des Erzählens können Abschweifungen peinlich wirken und zu vorschnellem Eingreifen verleiten. Dabei hat man vielleicht nur unkonzentriert zugehört oder erkennt den großen Erzählbogen noch nicht. Man ist eigentlich selber verunsichert, während der Erzähler womöglich zielsicher die

Pointe erreicht und die übrigen Teilnehmer ihm weiterhin erwartungsvoll zugehört hätten.

▷ Traurige Erzählungen

Traurige Erzählungen, die am Rande des Weinens entlang führen oder wirklich Tränen auslösen, werden oft als Peinlichkeit empfunden. Dabei steht oft die Beherrschung der eigenen Rührung oder die Sorge im Vordergrund, nicht richtig reagieren zu können. Der Erzähler hingegen fühlt sich womöglich sehr bald angenehm entlastet, und irgendein Teilnehmer findet ein passendes Wort oder eine tröstliche Geste.

▷ Tabuthemen

Peinlich kann es werden, wenn plötzlich irgendein Tabuthema berührt oder auch nur ein scheinbares Tabu gebrochen wird (etwa zu Sexualität, Sterben, Frömmigkeit). Dabei sind es auch hier nur eigene Sprachhemmungen oder tiefsitzende unangenehme Erfahrungen, die auf andere übertragen werden. Gerade alte Menschen haben so viel hinter sich, daß sie sich oft überraschend über Themen äußern, wie jüngere es ihnen gar nicht zutrauen.

Überhaupt werden die Fähigkeiten erwachsener und älterer Menschen im Umgang mit ihren Gefühlen eher unterschätzt. So kann sich das Verhältnis plötzlich umkehren, und ältere Teilnehmer trösten jüngere Moderatoren angesichts trauriger Schicksale oder helfen über Peinlichkeiten locker hinweg. Alte Menschen sind auch nicht so hilflos, daß sie sich alles und jedes nach Belieben entlocken ließen: Sie können durch verschiedenste gezielte oder unbewußte Ausweichmanöver deutliche Widerstände setzen, wenn sie eine Frage nicht beantworten wollen. Sie können auch Konflikte austragen und Frieden schließen, ohne daß die Gesprächsrunde zum befürchteten Drama wird. Schließlich erkennen alte Menschen auch oft leichter als die Moderatoren selbst deren Autorität an, die ihnen durch die Rolle der Gesprächsleitung zukommt.

Die doppelte Aufgabe von Leitung und Moderation ist nicht leicht und gibt auch viel Macht in die Hand: die Macht des

Fragens, der inhaltlichen Lenkung und die Macht, das Wort zu erteilen. Es gilt, diese Rolle einerseits anzunehmen und andererseits immer wieder zu überdenken und neu zu gestalten. Besonders anfangs erwarten ältere Menschen eher, daß da jemand bestimmt, was in der Gruppe geschieht und wie es da zugehen soll. Mit Hilfe der eigenen Geschichten wächst aber das Einfühlungsvermögen für alle anderen und eine angstfreie und selbstbewußte Teilnahme am partnerschaftlichen Austausch – einschließlich heftiger Auseinandersetzungen. Dann kann die Gesprächsleitung zugunsten der Moderation zurücktreten, und die Teilnehmer übernehmen mehr und mehr die Kursbestimmung.

Prozeß und Produkt

Häufig verwechseln gerade Institutionen der Bildungs-, Kultur- und Sozialarbeit sowie offizielle Stellen in Gemeinde, Land und Bund die Ziele und Ergebnisse dieser Arbeit mit irgendwelchen vorzeigbaren Produkten. Aber weder die Bildung noch die Kultur von Menschen können wie Markenartikel getestet und mit einem Prüfsiegel versehen werden. Entscheidend sind vielmehr die Veränderungen, die in den Menschen vor sich gehen, und ihre Ansichten und Handlungen, in denen diese dann zum Ausdruck kommen. Das alles sind lebendige Vorgänge und keine fertigen Erzeugnisse.

Im Vordergrund steht daher die Begleitung des Bildungsprozesses. Vor allem Alleinstehende, überwiegend Frauen, die in ihrer Isolation oft genug ein Selbstbild der Bedeutungslosigkeit entwickelt haben, machen in Gruppen erstaunliche Veränderungen durch. Zunächst wird ihre Erwartung nach Frontalvorträgen und Autoritäten im herkömmlichen Sinn enttäuscht. Einige kommen deshalb nicht wieder, andere verstummen vorerst völlig, wieder andere reden unsensibel und rücksichtslos drauflos. Erst nach einer Weile nehmen Sie mit Überraschung und wachsender Freude wahr, daß man ihnen zuhört und gerade sie mit ihren angeblich bedeutungslosen Erinnerungen und Erzählungen gefragt sind.

Idealtypisch ergibt sich gemäß unseren Erfahrungen folgende Entwicklung: Am Beginn überwiegt in den Gesprächen ein Frage- und Antwortspiel, die Gesprächsleitung stellt Fragen, die ihr von den Teilnehmern beantwortet werden. Am Beginn einer Gesprächsrunde reden viele Teilnehmer entweder gar nichts oder sehr viel, häufig nicht themenbezogen. Konflikte werden anfangs eher vermieden. Im Lauf der Zeit lernen die Teilnehmer, einander zuzuhören. Autorität der Leitung kann abgebaut werden. Zeitweilig übernehmen Teilnehmer Aufgaben der Gesprächsleitung. Später werden eigene Fragen aufgeworfen und Themenvorschläge angeboten. Einzelne beginnen mit lebensgeschichtlichen Aufzeichnungen. Das Erzählen hilft Ängste abzubauen und stärkt das Gruppengefühl. Es bildet sich ein fester Kern von Teilnehmern, durch Mundpropaganda kommen immer wieder neue dazu. (Vgl. Elisabeth Wappelshammer/ Theresia Weber. Auch Lebensgeschichte ist Geschichte. Ein Leitfaden für autobiographisches Erzählen und Schreiben, Wien 1987, S. 14)

Zunächst wird es den Teilnehmern lebens- und alltagsgeschichtlicher Gespräche keine dringliche Frage sein, zu welchen Produkten das Ganze führen soll. Im Laufe des Prozesses mag sich dann jedoch ein wachsendes Bedürfnis einstellen, die eigenen Erfahrungen und Einsichten aus den Gesprächen in irgendeiner Form anderen mitzuteilen und der Allgemeinheit nutzbar zu machen. Dabei ist wichtig, daß die speziellen Vorstellungen und Vorschläge der Gruppe nicht übergangen werden. Auch dieser Entscheidungsprozeß sollte keinesfalls durch vorzeitige Vorgaben ganz bestimmter Produktformen eingeengt werden. Hingegen kann es anregend sein, eine ganze Liste möglicher Ziele vorzustellen, die so umfangreich und vielfältig ist, daß sie der Phantasie für Weiterführendes Raum läßt.

Hier der Anfang solch einer Liste:
▶ Podiumsveranstaltungen mit alten Menschen (Erzählungen, Vorlesungen, Dias, Lieder etc.),

► Schulprojekte: Alte Menschen erzählen in der Schule, Schüler besuchen eine Pensionistenrunde, Schüler interviewen alte Menschen im Ort,

► lebensgeschichtliche Erzählungen auf Tonband für die Orts-bibliothek,

► Ton-Dia-Schau bzw. Video-Film,

► Rundfunk- bzw. Fernsehsendung im Regionalprogramm,

► Bezirks- bzw. Dorfanalyse von und mit Jugendlichen und Alten,

▷ Fotoausstellung über das Viertel und den Ort einst und jetzt (Häuser, Straßen, Leute etc.),

▷ Ausstellung mit alten Sachen (Dokumente, Spielzeug, Rezepte, Kleidungsstücke etc.),

▷ Broschüren zur Ergänzung der Bezirks- bzw. Ortschronik durch erlebte Geschichte,

▷ thematische Jahreskalender mit Fotos und Geschichten dazu; lokale „Abriß-Kalender" (früher–heute),

▷ Beitragsserie im Lokalblatt,

▷ historische Bezirks- und Ortsprospekte,

▷ historischer Rundweg (Fuß- bzw. Radwanderung),

▷ Bezirks- bzw. Dorfspiele: Spurensuche, Geschichts-Rallye, Fotowettbewerb etc.,

▷ Stegreiftheater, Altentheater mit Szenen des vergangenen Alltags.

Einige Punkte weisen besondere Verbindungen zur Heimatkunde und zu touristischen Anliegen auf, womit bei der Suche nach finanziellen Förderern gelegentlich erfolgreich argumentiert werden kann.

Mit allen derartigen Zielen verbindet sich die Notwendigkeit, die Gespräche in irgendeiner Form zu dokumentieren. Man kann nach Gesprächen sogenannte Gedächtnisprotokolle machen, für eine gute Dokumentation sind jedoch Mikrofon und Tonbandgerät unverzichtbar. Unserer Erfahrung nach stört etwa ein Kassettenrecorder das Gespräch nicht. Allerdings gilt es, rechtzeitig klare Absprachen zu treffen, wann und wozu bei einem Gespräch ein solches Gerät eingeschaltet wird. Alle Teilnehmer müssen damit einverstanden sein. Unserer Erfahrung nach ist das in der Regel der Fall, wenn ein plausibler

Grund dafür vorliegt, d.h. wenn die Gruppe eine Broschüre oder ein Buch schreiben will. Selbst wenn die Teilnehmer einer Aufzeichnung prinzipiell zugestimmt haben, muß es jedoch möglich sein, zwischendurch das Gerät abzuschalten, wenn ein Teilnehmer das wünscht.

In jedem Fall sind Tonbandprotokolle vertraulich zu behandeln. Sie gehören niemandem persönlich, sondern liegen für die Runde bei den Moderatoren „unter Verschluß". Die Aufnahmen dienen der Entlastung vom ablenkenden Mitschreiben und damit der intensiveren Hinwendung auf die Runde. Sie werden von den Moderatoren abgehört, um den Gesprächsverlauf nochmals genau zu verfolgen und ergänzende Fragen zu gewinnen. Auch wenn Abschriften („Transkripte") einzelner Passagen oder ganzer Erzählungen angefertigt werden sollten, so verbleiben diese einzig bei den Moderatoren und innerhalb der Gesprächsgruppe. Sollte einmal eine weitergehende Verwendung angestrebt werden, so werden die jeweiligen Erzähler ausdrücklich um persönliche Erlaubnis gefragt.

Im Falle einer Veröffentlichung stellt sich die Frage nach dem Copyright. Die Erlaubnis zur Veröffentlichung ist schriftlich einzuholen, da es sonst böse Überraschungen für den Herausgeber geben kann. Leicht dahin gesagte Zusagen werden im letzten Moment gerne revidiert. Der formelle Akt einer schriftlichen Zustimmung, daß der eigene Text, das eigene Foto veröffentlicht werden darf, weist von sich aus auf die Tragweite der Entscheidung hin. Dabei kann auch festgelegt werden, ob jemand anonym bzw. unter einem Pseudonym veröffentlicht werden möchte.

5. Beispiele für Gesprächsgruppen

Wir möchten hier Praxiserfahrungen vorstellen in der Arbeit mit Lebenserfahrungen. Wir haben jeweils eine Kontaktadresse angegeben, damit Sie Kontakt knüpfen können, wenn Sie mehr erfahren möchten von den Erfahrungen in diesen Projekten. Die ausgewählten Praxisbeispiele mögen Mut machen für eigene Schritte „mit den Lebenserfahrungen".

Gesprächskreis „Erzähltes Leben" in einem Altenpflegeheim

▶ Institution – Arbeitsfeld – Zielgruppe
Einrichtung: Altenpflegeheim
Zielgruppe: Bewohner des Altenpflegeheimes und ältere Bürger des Stadtteiles

▶ Rahmen und Hintergrund der Entstehung
Der Gesprächskreis fand im Rahmen des „Eschersheimer Seniorentreff" statt, ein im Altenpflegeheim angesiedeltes Projekt, das vom Heim in Zusammenarbeit mit der kommunalen Seniorenbeauftragten der Stadt durchgeführt wird. Das Projekt dient dem Ziel, „das Heim nach außen zu öffnen". Kulturelle Angebote sollen das Leben der Heimbewohner bereichern und Stadtteilbewohnern Kontakte zum Heim und zu den Bewohnern ermöglichen. Der Eschersheimer Seniorentreff wurde im Anschluß an einen Urlaub von Heim- und Stadtteilbewohnern ins Leben gerufen. Wöchentlich einmal nachmittags findet eine Veranstaltung in den Räumen des Heimes statt.
Mit dem Gesprächskreis war von Seiten der Institution das Anliegen verbunden, das Angebot zu erweitern und langfristig zu verändern: man suchte sich zu lösen von nur einmaligen konsumierbaren Veranstaltungen hin zur Arbeit mit längerfristig angelegten Gruppen.

▶ Motive und Ziele

Der Gesprächskreis wurde von Diplompädagogin *Kerstin Reichel* im Rahmen einer Weiterbildung konzipiert und durchgeführt und war von dem Interesse begleitet, psychologische und politische Dimensionen in der Arbeit mit alten Menschen zu verbinden: wie sich die große Geschichte in der Alltagsgeschichte der kleinen Leute spiegelt, wie Ereignisse und Erfahrungen verarbeitet oder nicht verarbeitet werden konnten.

Ziel des Gesprächskreises war es, alten Menschen die Möglichkeit zu geben, sich bewußt zu werden über den Zusammenhang zwischen der „Großen Geschichte" und „ihrer Alltagsgeschichte". Mit den Gesprächen zu Alltagsthemen sollte alten Menschen die Möglichkeit gegeben werden, ihren Alltag im Spiegel ihrer Lebenserfahrungen zu betrachten und ihre Lebenserfahrungen als verarbeitete und unverarbeitete Lebensspuren vergegenwärtigen zu können.

Die Form des Gesprächskreises wurde gewählt, um Raum zu geben für Kontakt, Begegnung und Kommunikation mit anderen. Dadurch sollte ein Gegengewicht geschaffen werden zu der Distanz sowohl zwischen der Bewohnerschaft untereinander als auch zwischen Heimbewohnern und Stadtteilbewohnern. Bezogen auf die Heimkultur war das Anliegen, Unterschiede und Individualität unter den „Alten" zu entdecken und die „Gleichgültigkeit" im Heim aufzuheben. Was verbindet außerdem – an ähnlichen Lebenserfahrungen – als das bekannte, „sprachlos Verbindende" von „alle sind alt, alle sind im Heim"? Der Gesprächskreis sollte Gelegenheit geben, die Frage „Was verbindet uns als Generation und was unterscheidet uns?" öffentlich werden zu lassen und verschiedenste Antworten aufzufinden, aber auch neue Fragen entstehen zu lassen.

Mit dem Konzept einer Akzeptanz fördernden Gesprächsführung sollte dem Ziel Rechnung getragen werden, zur Selbstbestimmung anzuregen: die Möglichkeit zu geben, selbst zu entscheiden, was und wieviel ich von mir erzähle, wem und wann ich erzähle.

▶ Vorgehensweise
▷ Ankündigung
Die Gesprächsgruppe wurde konzipiert als ein Volkshochschulprogramm (VHS-Angebot), das im VHS-Programm und der regionalen Presse angekündigt wurde. Zudem wurden von der Heimleiterin persönliche Gespräche mit denjenigen Bewohnern geführt, von denen man annahm, sie könnten Interesse haben. Zwei Nachmittage dienten als „Schnupperangebot" und wurden dem VHS-Angebot vorgeschaltet.

Da Pressemeldungen relativ kurzfristig dazu veröffentlicht wurden, haben an den ersten beiden Nachmittagen ausschließlich Heimbewohner teilgenommen.

▷ Arbeitsweise
Die Gesprächsgruppe fand wöchentlich am Nachmittag im Aufenthaltsraum des Heimes statt. Der Raum wurde ansprechend und auf das Thema bezogen gestaltet, um den Bewohnern das Gefühl von Willkommenheit zu geben und auf das Thema sinnlich einzustimmen. Kaffee zu Beginn der Gesprächsgruppe diente der Begrüßung und der Bewältigung von Unsicherheit mit diesem ungewohnten Angebot im Heim. Die Schnuppergesprächsrunden standen unter dem Thema „Winterzeit – Adventszeit – Weihnachtszeit: vorgestern, gestern und heute".

In der folgenden Gesprächsgruppe wurden die Themen: Wohnen – Schule – Ausbildung – Freizeit behandelt.

▶ Verständnis der Aufgaben und Rolle der Leitung
Die Leiterin versteht ihre Aufgabe darin, einen Prozeß des Erzählens und Zuhörens, des Erinnerns und Vergleichens, des Suchens und Verbindens von Vergangenem und Gegenwärtigem, des Persönlichen und Gemeinsamen, des Privaten und Öffentlichen in Gang zu setzen und zu begleiten, dessen Ergebnis nicht festgelegt ist. Das Erzählen als solches und die Erfahrungen, die eine Gruppe alter Menschen mit einer jungen

Leiterin dabei macht, stehen im Zentrum des Prozesses und der Reflexion.

▶ Prozeß der Gruppe

Zum Schnuppergesprächskreis kamen zehn Bewohner. Die Teilnehmenden wurden von der Leiterin persönlich begrüßt. Sie kamen in der Regel einzeln und früher oder später als zum angegebenen Zeitpunkt.

Die Gesprächsgruppe wurde eröffnet mit der Frage nach ihrem Namen, ihrem Alter, wie lange sie bereits im Heim leben und wo sie vorher gewohnt haben. Diese Eingangsfragen zum gegenseitigen Vorstellen machten bereits große Unterschiede unter den Teilnehmenden deutlich und brachten „überraschende Neuigkeiten" zutage für die, die schon länger miteinander im Heim leben, aber wenig voneinander wissen, „wie ihr Leben vor Heimeintritt" gewesen war. Die Vorstellungsrunde gleitete in das Erzählen um das Thema Weihnachten.

Lebhafte Gespräche, die immer wieder in Zweier- und Dreiergesprächen mündeten, bildeten die Anfangsphase.

Die nach der Schnupperphase gebildete Gesprächsgruppe wurde von zwei Stadtteilbewohnerinnen besucht, die der Gruppe jedoch nach einiger Zeit fern blieben.

Nicht immer waren alle Gruppenmitglieder anwesend, der Alltag des Heimes erschwerte eine Kontinuität, beispielsweise: Nicht Erinnern durch das Personal, fehlende Hilfestellung, um rechtzeitig am Veranstaltungsort zu sein, eine zeitgleiche Heimveranstaltung, geplantes Einkaufen einzelner am Tage der Gruppe.

▶ Erfahrungen

Die Erzähldynamik der Gruppe wurde so wenig wie möglich gesteuert und auch die Phasen von Zweier- und Dreiergesprächen als Teil des gemeinsamen Erzählens verstanden: „Nicht alles mag ich öffentlich machen, manches möchte ich mitteilen, aber sofort, spontan oder jemand Vertrautem".

In vielen Gesprächssequenzen versicherte man sich immer wieder der Gleichheit von Erfahrungen: „Der Krieg war für alle schlimm, egal ob arm oder reich".

Bedrückende Erfahrungen wurden eher der Leiterin am Ende der Gesprächsgruppe mitgeteilt, wenn die Gruppe offiziell beendet war, einige aber noch blieben. Diejenigen, die zuhörten bei solchen Schilderungen, nahmen Anteil, trösteten oder zeigten, daß sie solche eher schmerzlichen Erinnerungen aus dem eigenen Leben kennen. Die Erzählfrequenzen spannten in der Regel einen Bogen zwischen vorgestern (der Kindheit oder Jugend, auch der Lebensumstände), gestern (der eigenen Lebenserfahrung zum Thema) und einer Einschätzung bzw. eines Meinungsaustausches über die Gegenwart (Kinder sind heute...). Zum Heute wurde dann auch die Einschätzung der Leiterin zum Thema erfragt: „Sie haben doch auch Kinder, erzählen sie doch ...", oder: „Was meinen Sie dazu...?".

Im Laufe der Gesprächsgruppe wurden mehr und mehr die Unterschiede und mit ihnen die Spannungen und Konfliktpotentiale unter der Bewohnerschaft des Heimes sichtbar. Da die Gesprächsgruppe weder Teil eines heiminternen Angebotes von Seiten des hauptamtlichen Teams war noch eine Kommunikation mit dem hauptamtlichen Team angestrebt wurde, konnten Impulse und Einflüsse auf den Alltag der Bewohner nicht weiterverfolgt werden. Hier zeigen sich Möglichkeiten und Grenzen eines von außen angebotenen Gesprächskreises: Das Interesse einer fremden Person an ihren Lebenserfahrungen und die sich entwickelnde Gesprächskultur waren begrenzt auf die Gesprächsgruppe und nicht verknüpft mit einer Sorge um Kontrolle oder um Aufrechterhaltung der Spielregeln des Heimes. Die fehlende Verbindung zum Innern des Heimes begrenzte andererseits den Umgang mit sichtbar werdenden Unterschieden, Differenzen und Konflikten unter den Bewohnern auf zufällige und persönliche Konsequenzen. Impulse konnten nicht in eine Weiterentwicklung der Heimkultur einfließen.

■ Kontaktadresse
Kerstin Reichel, Ludwighöhstraße 67, 64285 Darmstadt, Telefon 06151/663112

■ Literatur
Projektbericht, Kerstin Reichel
(unveröffentlichtes Manuskript)

■ Resümee

Beabsichtigt war eine Öffnung des Heimes nach außen. Der Verlauf der Gesprächsgruppe machte deutlich, daß eine Gesprächsgruppe über Lebenserfahrungen zu einer „Öffnung des Heimes nach innen" herausfordert. Alte Menschen werden nicht mehr allein in ihrer Rolle als Bewohner gefordert. Ihre Persönlichkeit und ihre Geschichte tritt in den Vordergrund und mit ihr die schwelenden Konflikte, die im Heimalltag wenig oder keine Beachtung finden. Arbeit mit den Lebenserfahrungen im Kontext der Institution Heim ist somit immer auch soziale Konfliktarbeit. Wenn eine solche Gesprächsgruppe in Kultur und Konzept eines Heimes integriert werden kann, kann sie sicher dazu beitragen, soziale Auseinandersetzungen im Heim zu fördern und den Alltag lebendiger zu gestalten.

Gesprächskreis in einer Kirchengemeinde: „Der Mensch formt sich, wo er lebt ..."

▶ Institution – Arbeitsfeld – Zielgruppe
Einrichtung: gemeinwesenorientiertes Projekt in einer Kirchengemeinde
Zielgruppe: ältere Bürger eines Stadtteils

▶ Rahmen und Hintergrund der Entstehung
„Fuhlenbrock: Stadtteil im Wandel": Zwischen 1987 und 1989 wurde unter der Trägerschaft der Evangelischen Kirchengemeinde Fuhlenbrock ein überkonfessionelles Stadtteilprojekt durchgeführt. Das Projekt hatte zur Aufgabe, neue Ansätze der Arbeit mit den sogenannten „Jungen Alten" zu entwickeln und zu erproben. Beobachtete soziale Wandlungsprozesse im Stadtteil – einer ehemaligen Bergmannssiedlung – veranlaßten die Gemeinde zur Erforschung von Lebensrealität und Bedürfnis-

sen der in Fuhlenbrock lebenden Menschen und der bestehenden Angebote in der Kirchengemeinde. In einer interdisziplinären Gruppe wurden neue Formen von Gemeindearbeit entwickelt in Verbindung und Kooperation mit ehren- und hauptamtlich Engagierten und den traditionellen Angeboten der Ortsgemeinde. „Das gemeinwesenorientierte Projekt entstand aus einem Spannungsfeld heraus. Die frühzeitige Entlassung zahlreicher Gemeindemitglieder aus dem Erwerbsleben und die damit verbundene Ausweitung der gesellschaftlich bestimmten Altersphase brachte einen qualitativ neuen, nachberuflichen Lebensabschnitt hervor, für den es in der sozialen Arbeit der Gemeinde (und darüber hinaus) erst Rudimente angemessener Konzepte gab. Diese Altersgruppe fühlte sich „zu jung" für die traditionellen Altenclub-Angebote und hatte offensichtlich andere Interessen und Bedürfnisse, die jedoch nicht artikuliert werden konnten."

▶ Motiv und Ziele

Der Gemeinwesenansatz bietet ein Instrument, die Bewohner eines Stadtteils als Betroffene und als Experten für die soziale Realität ihres Stadtteils einzubeziehen.

Mit einem Gesprächskreis innerhalb des Gemeinwesenprojektes wurde versucht, öffentlichen Raum zu schaffen für eine Kommunikation und Verständigung über den Wandel des eigenen Stadtteils. Eine lebens- und alltagsgeschichtliche Betrachtung und Selbstbetrachtung des Lebens im Stadtteil und der Kirchengemeinde und die Suche nach Verbindungen mit dem Zeitgeschehen kann dadurch aus subjektiver und emotionsgefüllter Erinnerung folgen.

Eine solche Gesprächsgruppe kann sich dabei stützen auf „eine alters- und erfahrungsbedingte Kompetenz jedes älteren Menschen, sich an früher zu erinnern, d.h. über die jüngste Zeitgeschichte aus subjektivem Erleben berichten zu können." Grundgedanke des Konzeptes ist, daß ältere Menschen nicht nur über eine Erzählkompetenz verfügen, sondern auch gerne aus ihrem Leben im privaten Raum erzählen: „Warum dieses Erinnerungsvermögen also nicht in den öffentlichen Raum hineinholen und damit aufwerten?"

► Leitgedanke

Der Blick zurück ist nie nur ein Blick zurück. Er ist immer, ausgesprochen oder nicht, ein vergleichender Blick: Sei es aus Gründen der Kritik an Gegenwärtigem, sei es aus Gründen der Rechtfertigung.

Motiviert aus den vielfältigsten Interessen am Heute läßt sich Vergangenes aus dem privaten Erinnern herausheben und vergegenwärtigen. Im sozialen Diskurs kann Gegenwart wie Vergangenheit neu befragt werden. Wir können dadurch die Partizipation am Gemeindeleben fördern, weil uns Ältere Wichtiges an Tradition mitzuteilen haben.

► Vorgehensweise

▷ Vorbereitungsphase

Alle Bürger des Stadtteils wurden zu einem Gesprächskreis „Alltagsgeschichte" eingeladen.

▷ Arbeitsweise

Es wurde eine 14tägige Erzählrunde im Gemeindehaus unter der Leitung der Sozialpädagogin *Erika Römer* ins Leben gerufen. Das jeweilige Thema der Erzählrunde wurde festgelegt mit zeitgeschichtlichen Alltagserfahrungen:

● „Als die Straßen gepflastert wurden – beginnende 50er Jahre"

● „Und sie kamen von überall her – Neubergleute 1945 in Fuhlenbrock"

● „30. Januar 1933 – ein Thema für Fuhlenbrock?"

● „Feste feiern im Stadtteil"

● „Ohne die Frauen wäre das nie gegangen – das Leben als Bergarbeiterfrau"

Die Gesprächsabende wurden auf einer Tonkassette mitgeschnitten und von der Leiterin schriftlich für mögliche Aktivitäten der Gruppe in den Stadtteil transkribiert.

► Verständnis der Aufgaben und Rolle der Leitung

Ihre Rolle als Leiterin verbindet *Erika Römer* mit ihrer eigenen Rolle als „Nicht-Fuhlenbrockerin" in dieser „Geschichtswerkstatt" und definiert sie als die der Moderatorin und Dokumentatorin. *„Mein historisches Erkenntnisinteresse liegt im Aufarbeiten* *der Zeitgeschichte aus dem Blickwinkel der „kleinen Leute" und rankt sich inhaltlich um die Fragestellungen, wie sich nach Auschwitz individuelles Bewußtsein in den zeitgeschichtlichen Abläufen der 50er Jahre niederschlägt und umgekehrt."*

▶ Prozeß der Gruppe

Auf die Einladung hin entstand eine Gesprächsgruppe von 20 Personen im Alter zwischen 50 und 84 Jahre. Es kamen Frauen und Männer, Protestanten und Katholiken. Zu einzelnen Themen, die jeweils im Stadtteil angekündigt wurden, erschienen jeweils weitere Interessierte. Mit den dokumentierten Gesprächen wurden öffentliche kleine Veranstaltungen im Stadtteil gemacht, um die eigenen Erfahrungen in die Öffentlichkeit der Gemeinde zu tragen. Wichtigste Veröffentlichung war ein 12seitiger Bilderkalender mit alten Fotos und erzählten Geschichten. Der Kalender in Auflage von 500 Exemplaren wurde mit großem Interesse im Stadtteil gekauft.

▶ Erfahrungen

Das Wechselspiel vom Erzählen eigener Wahrnehmungen und Erfahrungen und dem Zuhören, wie andere denselben Zeitabschnitt erinnern und bewerten, hat wichtige soziale und politische Prozesse entstehen lassen:

▷ Alte und harmonisiert geglaubte soziale Spannungen traten hervor. Es wurden bearbeitet geglaubte Lebenserfahrungen in Frage gestellt und damit verbundene Leiderfahrungen, Ungerechtigkeiten, Gefühle von Ohnmacht, Schuld, Scham aktualisiert.

▷ Der Vergleich der eigenen „biographischen Wahrheit" mit der der anderen verlangte dabei ein hohes Maß an Toleranz und förderte eine Kultur des „Streiten-könnens".

Die Arbeit mit den Lebenserfahrungen eröffnete den Beteiligten zugleich eine lebensgeschichtliche Selbstreflexion im sozialen Vergleich und eine Erweiterung der Auseinandersetzung mit der eigenen sozialen Lebenswelt, den historischen und politischen Zusammenhängen und den Möglichkeiten eigener Einflußnahme:

▷ Die eigenen Erfahrungen wurden noch einmal reflektiert und bewertet unter der historischen Bedingtheit eigener Wünsche und Handlungsmöglichkeiten. Die Betrachtung persönlicher Lebensgeschichte im sozialen Vergleich und im Lichte der Zeitgeschichte erweiterte auch den Blick auf gegenwärtige soziale und politische Phänomene.

▷ Die Gruppe leistete praktische ökumenische Arbeit und ermöglichte den einzelnen ihre sozialen Bezüge zu erweitern: Im Gesprächskreis waren katholische und evangelische Stadtteilbewohner in etwa der gleichen Anzahl vertreten.

Im Vergegenwärtigen der eigenen Lebenserfahrung in ihrer Bedeutung für das soziale Leben konnten sich die Beteiligten nicht mehr nur als „öffentlich bedeutungslose Privatmenschen" und als „alt-bedeutungslos" verstehen und die eigene Wertschätzung verändern:

▷ „Was haben wir schon zu erzählen ..."

Bergleute, Hausfrauen und Rentner begreifen ihr Leben und ihre Biographie selten als gesellschaftlich wertvoll und betrachtenswert. Mit dem spürbaren Interesse am Stadtteil an dem Bilderkalender und Berichten in der örtlichen Presse wandelte sich diese Haltung zu der Überzeugung: „Wir haben doch etwas zu erzählen ..."

▶ Bedeutung der Leiterin

„... das erzähle ich Ihnen, aber bitte notieren Sie das nicht". Öffentlichkeit wird durch die Leiterin repräsentiert: die Leiterin stellt die Verbindung nach außen her (Tonbandaufnahme der Gespräche) und wird zugleich als eine intime und persönliche Gesprächspartnerin erlebt. Zeugin und Vertraute zugleich zu sein, erfordert von der Leitung ein Ernstnehmen des Gegenüber als „selbstbestimmten Menschen mit eigenen Lebenserfahrungen". Kritische Selbstreflexion und Teamarbeit wurden als notwendige und hilfreiche Unterstützung im Umfang mit der eigenen Macht praktiziert.

■ Kontaktadresse
Erika Römer, Sozialpädagogin,

Evangelische Kirchengemeinde Bottrop-Fuhlenbrock, Wilhelm-Busch-Straße 1, 46242 Bottrop, Telefon (02041) 54681

■ Literatur
Fuhlenbrock – Stadtteil im Wandel, Projekte der evangelischen Kirchengemeinde
Alle Zitate: Projektbericht von *Erika Römer*

■ Resümee
Erika Römer schreibt in ihrem Projektbericht:
„Zurückblicken ist nicht nur ein Vergegenwärtigen des Vergangenen, sondern gleichermaßen ein Gegenwärtiges. Es verändert Menschen: den einzelnen, der Erinnertes erzählt, mich, die ich die Geschichten anhöre, die Menschen im Stadtteil."

Gesprächskreis in einer Begegnungsstätte: „Kriegserfahrungen – gestern und heute (Golfkrieg)"

▶ Institution – Arbeitsfeld – Zielgruppe
Einrichtung: Begegnungsstätte
Zielgruppe: Ältere Bürger eines Stadtteils

▶ Rahmen und Hintergrund der Entstehung
Der Gesprächskreis wurde im Rahmen des (der) von der Begegnungsstätte zweimal jährlich in Kooperation mit der Volkshochschule veranstalteten „Tag(en) der Möglichkeiten" angeboten. Der „Tag der Möglichkeiten" ist ein Programm für alle, die sich einen Monat lang jeweils an einem Donnerstag einen ganzen Tag lang intensiv mit bestimmten Themen beschäftigen möchten. Es richtet sich an Menschen, die im überschaubaren Rahmen von vier mal 1¹/2 Stunden ausprobieren wollen, wie ihnen ein Angebot gefällt und ob sie Interesse finden an einer kontinuierlichen Gesprächsgruppe, Schreibwerkstatt oder Yogagruppe, die gerne andere Menschen treffen wollen im Café zwischen den Kursen. Der „Tag der Möglichkeiten" steht jeweils

unter einem Thema und umfaßt jeweils zwölf Kurse zu Themenbereichen: Politik und Zeitgeschichte, Schreibwerkstatt, Psychologie und Selbsterfahrung, Bewegung und Kreativität.

▶ Motiv und Ziele
Aus aktuellem Anlaß des Golfkrieges stand der „Tag der Möglichkeiten" im März 1991 unter dem Thema „Wenn wir leben wollen" (nach einem Gedicht von Erich Fried). Zuvor wurden in der Begegnungsstätte bereits aktuelle Veranstaltungen angeboten, die den ständigen Gästen und Bewohnern der anliegenden Wohnanlage die Möglichkeit gegeben hatten, sich zu treffen und Sorgen und Ängste zu teilen, gemeinsam zum Friedensgottesdienst zu gehen, an einer Friedensmeditation teilzunehmen u.a.
Anlaß für das Thema dieser Gesprächsgruppe war die Einschätzung, daß gerade bei älteren Menschen der Golfkrieg Erinnerungen und Lebenserfahrungen wachruft, die von Sorge, Schrecken und Angst begleitet sind und sich „einweben" in das Erleben des Golfkrieges und das Erleben des Umgangs mit der Berichterstattung und der Medienpolitik in Rundfunk, Fernsehen und Presse.
Ziel der Gesprächsgruppe war es deshalb, einen öffentlich zugleich geschützten Rahmen zu ermöglichen, in welchem Kriegsängste thematisiert werden können und das Gespräch für Vergangenes und Wachgerufenes möglich werden kann.

▶ Leitgedanke
Leitgedanke war die Hypothese, daß sich in die Sorge um die Geschehnisse im Golfkrieg diffuse und emotional in anderen Zusammenhängen fußende Ängste und Phantasien einweben. In der Generation der sechzig- bis neunzigjährigen Besucher des „Tages der Möglichkeiten" wurde der Zweite Weltkrieg als Zuspitzung und zugleich Endphase des Alltags unter der nationalsozialistischen Diktatur erlebt. Mit diesen Kriegserinnerungen sind daher auch die mehr oder weniger verarbeiteten Erfahrungen im Nazideutschland angestoßen und mit ihnen private und öffentliche Wege und Irrwege der sozialen und emotionalen Bewältigung des eigenen Lebens im Faschismus.

▶ Vorgehensweise

Der Gesprächskreis wurde angekündigt mit dem Angebot über „all das sprechen zu können, was uns umtreibt". Insgesamt waren vier Nachmittage geplant. Ausgehend von dem Leitgedanken, daß Erinnern und Bewältigung von Schmerz und Schuld da möglich wird, wo Kontakt und wo Hoffnung besteht und die eigene Identität nicht existentiell gefährdet wird, wurde eine thematische Gliederung vorgenommen:

▷ Was ist für mich – persönlich – Frieden? Und was ist das Gegenteil davon? (Arbeit mit Symbolen, die für Frieden stehen, Herausarbeitung von Bedeutung und Gegensatz davon an einer Wandzeitung, von Verbindungen zu Frieden im persönlichen Leben und Frieden als Abwesenheit von Krieg.)

▷ Welche Alltagserfahrungen vom Ersten und Zweiten Weltkrieg werden bei mir wach? (Bilder aus dem Alltag des Nazideutschlands und der „Trümmerphase" als Einstimmung)

▷ Mein Lebensweg während des Krieges im Nazideutschland: Wieviel Schuld trage ich? Habe ich mich wirklich schuldig gemacht – woran?

▷ Manipulationen gestern und heute, Wünsche und Ohnmachtsgefühle, die mit dem Krieg verbunden sind.

▶ Verständnis der Aufgaben und Rolle der Leitung

„Meine Rolle als Enkel-Generation der Frauen, die sich hier ausspre-chen, sehe ich darin, zum einen meine Fragen und Phantasien über das, was sie unbewußt bewegen mag, mitzuteilen, zum anderen für eine Atmosphäre des Hinhörens und Sich-gegenseitig-zuhörens zu sorgen. Dabei bin ich von dem Interesse geleitet, den Mantel des Schweigens und der Abwehr abzulegen, den meine Generation mit dem Vorwurf des „warum habt ihr den Holocaust geschehen lassen?", um diese (Groß)Elterngeneration gelegt haben, und einen Austausch zu ermög-lichen, die die einzelnen in ihrer Widersprüchlichkeit und doppelten Erfahrung als Opfer und Täter akzeptiert."

▶ Prozeß der Gruppe

Es kamen neun Frauen im Alter zwischen 60 und 86 Jahre. Die
erste Gesprächsgruppe schuf eine Atmosphäre von Intimität
und Akzeptanz der eigenen Bewegtheit und regte dazu an,
Verknüpfungen zu suchen zwischen dem Alltag und gesellschaftlichen Erfahrungen von Krieg und Frieden. Die ausgewählten Friedenssymbole durften als „Wegbegleiter" mitge-
nommen werden, Wegbegleiter für die stimulierte persönliche
Erinnerungsarbeit und Wegbegleiter für die Bewältigung der
durch die Golfkriegsereignisse wachgerufenen Ängste. Die
zweite Gesprächsgruppe wurde als biographische Erzählrunde
gestaltet und trug sehr dazu bei, einander zuzuhören.

Die Gruppe bewegte sich zwischen Erinnerungen und politischem Diskurs und konnte so behutsam ihren eigenen Prozeß
regulieren und sich schützen vor emotionalen Überflutungen.
Trotz sehr unterschiedlicher sozialer und politischer Lebensläufe war es den Frauen möglich, sich zuzuhören und auszuhalten,
in welchen sozialen, materiellen und politischen Gegensätzen
sie gelebt haben. Ausnahme bildete eine Frau, die am ersten
Gesprächsnachmittag die Aufmerksamkeit und das Interesse
einiger Frauen auf sich zog durch das Erzählen über ihr
Friedenssymbol der Kerze und ihren buddhistischen Glauben.
In der zweiten Gesprächsgruppe erregte sie dann Befremden bis
Unmut über ihre lebensgeschichtlichen Erzählungen über ihre
Flucht aus Deutschland am Ende des Zweiten Weltkrieges, ihre
auch heut noch eindeutig pronationalsozialistischen Äußerun-
gen und ihre Verteidigung von Hussein. Sie blieb den anderen
Gesprächsrunden fern.

▶ Erfahrungen

Die Gespräche verliefen sehr bewegt. Die Frauen nahmen mit
Erstaunen wahr, welch unterschiedliche Erfahrungen – auch
gegensätzlicher Art und Weise – sie gemacht haben. Armut und
Privileg konnte im lebensgeschichtlichen Kontext gesehen wer-
den.Der soziale Vergleich ermöglichte Entlastung: Daß „alle
irgendwelche Rechtsbrüche sich in der Not erlaubt haben",
konnte sich gegenseitig zugebilligt werden. Die Entlastung von
den Schuldgefühlen und eine engagierte Parteinahme für ihr

eigenes Leid, das doch „da gewesen sein mußte", als Haltung der Leiterin, erstaunte die Frauen und veranlaßte sie, Schuldgefühle und Belastungen auszusprechen und die dahinter vergessenen Erfahrungen mitzuteilen. In den Bezügen und Vergleichen mit dem Golfkrieg wurden Manipulationen der Kriegsberichterstattung aufgedeckt und mit Gefühlen von Erleichterung, aber auch Wut beantwortet. Der Gesprächskreis endete mit den Fragen: „Habe ich nicht genug getan, um einen Krieg zu verhindern? Welchen Einfluß habe ich darauf?"

■ Kontaktadresse
Angelika Ertl, Arbeitszentrum Fort- und Weiterbildung im Elisabethenstift, Stiftstraße 14, 64287 Darmstadt, Telefon (06151) 403 348

■ Literatur
▶ Persönliches Protokoll einer Teilnehmerin an der Gesprächsgruppe
▶ Erinnern und Vergessen – Lebensgeschichtliches von Frauen und ihrem Alltag im Nationalsozialismus (unveröffentlichtes Manuskript)

■ Resümee
„Ich habe wieder einmal die Erfahrung machen können, daß ich mich mit meinen Fragen, Phantasien und Interpretationen alten Menschen zumuten kann. Sie müssen weder aufgrund ihrer im dunkeln liegenden nationalsozialistischen persönlichen Vergangenheit noch aufgrund ihres Alters verschont werden oder ausgeschlossen werden aus dem zeitgeschichtlichen Diskurs": ein Plädoyer für eine Erwachsenenbildung mit alten Menschen.

Eine Erzählrunde –
regionale Kulturarbeit auf dem Lande

▶ Institution – Arbeitsfeld – Zielgruppe
Einrichtung: Volkshochschule Salzburg in Zusammenarbeit mit
dem Institut für Zeitgeschichte der Universität Salzburg.
Zielgruppe: 60 – 80jährige Frauen und Männer der Ortsgemeinden.

▶ Rahmen und Hintergrund der Entstehung
Im Rahmen des österreichweiten Bildungsprogrammes „Medienverbund Alltagsgeschichte" wurde dieses Projekt zwischen
1986 und 1991 durchgeführt. Das Institut für Zeitgeschichte
verfolgte damit das Interesse der Erforschung des sozialen
Wandels im Alpenraum. Die Erwachsenenbildung interessierte
die Frage, ob es auf dem Land – trotz stärkerer sozialer Kontrolle
als im städtischen Bereich – möglich ist, Gesprächskreise zur
Reflexion der eigenen Alltagsgeschichte durchzuführen.
  Von Anfang an war seitens der Projektleitung eine Veröffentlichung der Ergebnisse vorgesehen. Bei den regionalen Erzählgruppen wurden dadurch zunächst Vorbehalte gegenüber Wissenschaft und Geschichtsforschung aktualisiert.

▶ Motiv und Ziele
Mit dem Projekt wurde das Ziel verbunden, neue Gestaltungsmöglichkeiten ländlicher Kultur zu entwickeln, neben traditionellen Formen der Dorföffentlichkeit. Damit verbunden suchte
man eine Aufweichung der Normen der Dorföffentlichkeit zu
bewirken und Alternativen zu entwickeln zur eher beschönigenden Heimatchronik. Ziel war es, Heimat als Ort von Konflikten
und sozialen Gegensätzen erlebbar zu machen.Durch eine
öffentlich ausgeschriebene und auf Öffentlichkeit abzielende
Gesprächsgruppe wollte man dazu beitragen, daß alte Menschen in der sozialen Öffentlichkeit als „lebendige Träger eines
Stücks Geschichte der Gemeinde" Beachtung finden. Ziel war es,
dazu beizutragen, daß durch das Zuhören und Erzählen und die
gemeinsame Suche nach den historischen Puzzlesteinen der

Heimatgeschichte die Erzählgruppe bei den einzelnen eine Wertschätzung erfährt. Damit war das Anliegen verbunden, Erfahrungen unter alten Menschen anzuregen, die die Erfahrung von Stigmatisierung und Selbststigmatisierung korrigieren helfen.

▶ Vorgehensweise
▷ Vorbereitungsphase
Die regionale Kulturarbeit wurde vorbereitet durch ein Pilotprojekt in Salzburg-Stadt und eine mehrwöchige Fortbildung der Projektmitarbeiter.
▷ Ankündigung des Gesprächskreises
Die Erzählrunde in Kuchl/Salzachtal wurde initiiert und geleitet von *Barbara Waß*, einer freiberuflichen Erwachsenenbildnerin und Verfasserin lokaler Sozialgeschichte. Es wurden ungefähr 200 Personen über sechzig Jahren persönlich angeschrieben. Personen, von denen man annahm, sie könnten Interesse haben, wurden persönlich angesprochen.
▷ Arbeitsweise
Es wurde eine vierzehntägige Gesprächsgruppe am Nachmittag unter der Leitung von *Barbara Waß* ins Leben gerufen. Die Gesprächsgruppe wurde semesterweise angeboten, insgesamt über vier Semester.
Die Anfangsphase diente der Vertrauensbildung und Entwicklung einer Atmosphäre, in der die eigenen Erinnerungen erzählt werden können. Die Kursleiterin erzählte zu Beginn von sich selbst und las aus einem ihrer Bücher vor, was sie selbst an Alltagsgeschichte erlebt hatte. Der Anstoß für eigene Erinnerungen wurde dabei mit einem eher sozial unverfänglichen, weil persönlichen und weit zurückliegendem Thema, dem Thema „Eigene Kindheitserinnerungen", gegeben.

▶ Verständnis der Aufgaben und Rolle der Leitung
Als eine wichtige Aufgabe der Leitung versteht *Barbara Waß* die Entwicklung einer Atmosphäre von Vertrauen und Offenheit in

der Gruppe. Hier ist Einfühlungsvermögen eine wesentliche Voraussetzung seitens der Gesprächsleitung: „Es ist unter allen Umständen zu vermeiden, daß aus den Leuten einfach etwas „herausgeholt" wird. Jemand, der, aus welchen historischen und politischen Gründen auch immer, zu Erinnerungs- und Erzählarbeit anregt und darauf aus ist, möglichst viel zu erfahren, übergeht den Umstand, daß es gerade aus dieser Zeit sehr viel Unbewältigtes gibt. Die heutige Altengeneration hatte in ihrem Leben kaum Gelegenheit, sich wirklich mit den Dingen auseinanderzusetzen, die ihr Leben hauptsächlich bestimmt haben. Die Aufmerksamkeit, die ihrer Geschichte zugewendet wurde, bestand größtenteils aus Vorwürfen. Deshalb ist auch Takt und Vorsicht erforderlich, sowohl bei Fragen als auch bei Wertungen. Der „Rost", der sich in den vergangenen Jahrzehnten über die Dinge gelegt hat, darf nicht mit einem „Hammer" entfernt werden."

▶ Prozeß der Gruppe
Auf vor allem persönliche Ansprache hin kamen bereits am ersten Nachmittag Personen, die zuvor noch nie einen Volkshochschulkursus (VHS-Kurs) besucht hatten. Sie kamen aus den verschiedensten Bevölkerungsschichten: Bäuerinnen, Lehrer, Hausfrauen, Postbeamte, Arbeiter. Sie alle waren sozial eingebunden und weiterhin tätig gewesen und mußten sich „Zeit nehmen" für diese Erzählrunde. Die meisten kannten sich gut, hatten gemeinsame Bekannte. „Die anderen brauchen nicht zu wissen, was ich erlebt habe", war eine häufige Rückmeldung derer, die nach den ersten Nachmittagen fernblieben. Auch zeigte sich zu Beginn der Gesprächsrunde ein prinzipielles Mißtrauen gegen Geschichte und Geschichtsschreibung. Es bildete sich eine Gruppe von 15 Frauen und Männern zwischen 60 und 70 Jahren. Sie waren ausnahmslos beschäftigt und eingebunden in soziale Lebensbezüge. Bis zum Ende der viersemestrigen Gesprächsrunde blieb eine stabile Gruppe von sieben Personen. Die Teilnehmenden dieser Gruppe entwickelten Eigeninitiative und trafen sich auch außerhalb. Sie führten ihre Gespräche weiter, die mit Erstaunen in der Gruppe kommentiert wurden, z.B. „Das hab ich gar nicht von Dir

gewußt, obwohl wir gemeinsam in die Schule gegangen sind."

Zu Beginn der Gesprächsgruppe gab es einige Teilnehmer, die gerne zuhören wollten und sagten, sie wissen nicht, was sie zu erzählen haben. Mit den Erinnerungen der anderen kamen Zustimmungen und Ablehnungen und wurden eigene Erinnerungen wachgerufen.

Es gab oft recht heftige Diskussionen, bei denen das Tonband ausgestellt wurde. Diese Gespräche haben Unbewältigtes an die Oberfläche gebracht und zu offenem Meinungsaustausch angeregt, der eines intimen und verschwiegenen Rahmens bedurfte.

► Erfahrungen

Vor allem Frauen hatten anfangs große Scheu, etwas zu erzählen und kamen zum „Zuhören". Die Haltung „Was habe ich schon zu erzählen..." mischte sich mit dem Mißtrauen gegenüber der Wissenschaft und der Vorsicht gegenüber denjenigen, die man früher für bedeutsam hielt in der Dorföffentlichkeit. Im Laufe der Zeit konnten die Teilnehmer ihr Selbstbild eines „unbedeutenden Rädchens im Getriebe der Geschichte" verändern. Durch das Zuhören und Erzählen schälte sich so etwas wie ein gemeinsames Verständnis von Geschichte heraus. Die einzelnen wurden mehr und mehr als Persönlichkeiten sichtbar mit ihren Erfolgen und Niederlagen, mit ihren sichtbaren und unsichtbaren Beiträgen für die Dorfgemeinschaft. Es wurden viele Klischees erkannt und man konnte sich mit Stolz und Humor von früher selbst vertretenen landläufigen Meinungen distanzieren. Konnte am Anfang große Skepsis gegen die Tonbandaufzeichnungen und intendierten Veröffentlichungen verzeichnet werden, waren es am Ende die Teilnehmenden der Erzählrunde, die darauf drängten, ihre Geschichte zu veröffentlichen.

■ Kontaktadresse

Barbara Waß, Hausfrau und freiberufliche Erwachsenenbildnerin, Verfasserin lokaler Sozialgeschichte über die Volkshochschule Salzburg, Zweigstelle Kuchl/Salzachtal

■ Literatur
▶ Alltagsgeschichte erlebt und erzählt.
Arbeits- und Lebensverhältnisse in der Provinz, Eigenverlag der
Volkshochschule Salzburg, Salzburg 1991

■ Resümee
Ein Teilnehmer faßt seine Eindrücke vom Kuchler Gesprächskreis so zusammen:

*„Ich bin zuerst hergegangen, weil ich neugierig war. Gefallen hat es
mir recht gut, weil man sich selber so viel an die Jugend erinnert hat, an
das ganze Geschehen. An vieles, was man so gar nicht mehr gedacht
hat. Das hat mir sehr viel gegeben. Da ist einem wieder so viel
eingefallen, so war das ... und so war das ... Durch die Runde bin ich
selber auf viel draufgekommen, wo ich gar nicht mehr dran gedacht
habe. Diese Erinnerungen waren das Schönste. Es war auch so
interessant, die verschiedenen Lebensarten der anderen kennenzulernen, daß jeder so frei herausgesagt hat, was er erlebt hat. Man hat
richtige Schicksale erfahren, wie halt das Leben so ist. Noch recht
interessant war, das es so verschieden war. Da gab es Bauerndirnen,
Bauerstöchter, Arbeiter, Postler, Lehrer ... auch daß einige von
woanders herkamen, und wir so gesehen haben, wie es dort war."*

Feste feiern in der Begegnungsstätte: *„Wiedersehen mit der Liebe"*

▶ Institution – Arbeitsfeld – Zielgruppe
Einrichtung: Begegnungsstätte
Zielgruppe: Gäste der Begegnungsstätte und ältere Bürger des
Stadtteiles.

▶ Rahmen und Hintergrund der Entstehung
Die Begegnungsstätte versteht sich als eine gemeinwesenorientierte Begegnungsstätte, die sich nicht primär an alte
Menschen richtet, vielmehr Angebote macht für Menschen
unterschiedlichen Alters, vielfältiger Interessen und Bedürfnis-

se. Sie möchte Ort von Kommunikation, Begegnung aber auch Beratung sein.

Ein monatlich stattfindendes Fest lockt ständige Gäste und ältere Menschen aus anderen Stadtteilen an. In der Regel kommen 60 bis 100 Menschen zu diesen Festen. Herausgebildet hat sich eine Tradition von Festvorbereitung und Festgestaltung:

▷ Die Vorbereitung und Begleitung der Feste durch die Gruppe „Montagstreff".

▷ Eine thematische Festlegung der Feste, z.B. „Wiedersehen mit der Liebe", „Poesie der Düfte", „Urlaubsort: Balkonia".

▷ Eine Ankündigung des Festthemas und Aufforderung der Mitgestaltung am Fest. Beispielsweise die Aufforderung: „Wir suchen schöne Flaschen, alte Küchenrezepte...", die von einzelnen aufgegriffen wird, wie von bestehenden Gruppen der Begegnungsstätte oder beispielsweise dem nahegelegenen Kleingartenkolonievereins.

Am Beispiel „Wiedersehen mit der Liebe" läßt sich veranschaulichen, wie die Arbeit mit den Lebenserfahrungen auf allen Ebenen einbezogen wird – von der Einzelfallhilfe und Beratung, von Gruppenarbeit und Kreativität und von Großgruppenarbeit und Festfeiern.

▶ Motive und Ziele

Festgestaltung wird hier genutzt als eine Großveranstaltung, die zugleich ein soziales und kulturelles Ereignis ist im Sinne von „Miteinanderleben (in der Wohnanlage) heißt auch miteinander feiern". Feste gewinnen hierbei die Aufgabe, auch eine andere Wertschätzung des Lebens innerhalb der eigenen Generation zu gewinnen. Die eigene Generation soll als eigene Generation erlebt werden, mit eigenen zeitgeschichtlichen Verbundenheiten und lebenslaufbezogenen Entwicklungsaufgaben und Sinnstiftungen. Das Fest gibt Anlaß, die eigenen vier Wände zu verlassen und äußere und innere Einsamkeit zu überwinden. Das Fest schafft Höhepunkte im Leben und gibt die Möglichkeit eines gemeinschaftlichen Sinnzusammenhanges.

„Der Mensch bleibt Mensch, bis er stirbt". Um vor einem lange vor dem Lebenstod eintretenden „sozialen Tod" zu bewahren, werden die Feste zum Anlaß genommen:
▷ Raum für soziales Engagement zu geben,
▷ Rollen zu ermöglichen von Gast sein oder Gastgeberin sein, je nach den eigenen Bedürfnissen,
▷ eine Verbundenheit mit dem eigenen Lebenslauf zu erhalten oder wieder herzustellen,
▷ Sinne wachzuhalten, Gefühle anzuregen, die im Alltag des Alters verschüttet werden,
▷ Raum zu geben für die Mitteilung und das Mittragen von Sorgen, Ängsten und Krisen im Alltag des Alters,
▷ Raum zu geben für das Finden/Erhalten des Lebenssinnes im eigenen Lebensganzen der Biographie,
▷ Möglichkeiten zu geben, innerlich bewegt zu bleiben, im Kontakt sein zu können mit den Lebenswünschen, mit existentiellen Wünschen nach Liebe, Möglichkeiten für Kontakt und Gefühle von Sehnsucht, Freude, aber auch Angst und Einsamkeit,
▷ Möglichkeiten zu geben, über die eigene Biographie und Lebenslinie hinaus, neue soziale Erfahrungen machen zu können – vor allem im Umgang mit den eigenen Bedürfnissen nach Verbundenheit und Geborgenheit,
▷ Alternativen erlebbar zu machen zu den persönlichen Bewältigungsversuchen von Einsamkeit, die vorwiegend gekennzeichnet sind durch ein „Versinken in ein Meer von Erinnerungen an einstige Liebe und damit verbunden in ein resignatives Einfinden in die Einfältigkeit des Alters",
▷ zur Wahrnehmung und zum Erleben der Vielfalt möglicher Formen von Zuwendung und Liebe zu ermutigen.

▶ Leitgedanke
Alter wird verstanden als eine Lebensphase, die nicht vom Lebensganzen abgeschnitten sein muß; die Bewältigung von Einsamkeit im Alter und von Krisen und Ängsten im Leben kann als sozialer Prozeß erfolgen. Grundgedanke ist eine Aktivierung guter Erfahrungen auf der Basis von „Mothering", das soziale

und psychische Wege der Bewältigung negativer Erfahrungen von gestern und von heute eröffnen kann.

▶ Vorgehensweise
▷ Vorbereitungsphase
Es werden den einzelnen mehrere Wege offengehalten, um sich am Fest beteiligen bzw. mit den eigenen Lebensthemen ins Gespräch zu kommen – also Anteilnahme zu erfahren, Wertschätzung, aber auch Beratung und Krisenhilfe:
▷ „Wir sammeln ..."
Es besteht inzwischen eine Kultur des Sammelns und inneren Sammelns durch Erinnerungsarbeit: eine Anzahl von „Einzelgängern" nimmt diese Ankündigung regelmäßig zum Anlaß, in alten Schatzkisten zu wühlen (äußerlich wie innerlich), alte Fähigkeiten und altes Wissen zu vergegenwärtigen oder zu reaktivieren – bzw. „früher habe ich Tinte hergestellt, und das ging so ...". Das Plakat lädt auch ein, Kontakt aufzunehmen mit der Sozialarbeiterin. Es ist eine wichtige Brücke zu Beratung und Krisenbewältigung, manchmal der Anfang für eine Phase der Begleitung bzw. eine wichtige Brücke nach dem Tod eines Partners, in einer kritischen Phase der Erinnerung an den Tod des Partners, bei einem bevorstehenden Krankenhausaufenthalt usw. Eine alte Dame spendete z.B. die getrockneten Rosen ihres neunzigsten Geburtstages und kann mit Tränen der Freude und der Wehmut erzählen von ihrer Familienfeier und früheren Festen im Leben.
▷ Montagstreff
Eine Gruppe ist für die Vorbereitung des Festes verantwortlich. Im Laufe der Jahre haben sich die Vorbereitungen differenziert. Tischdekoration und Raumdekoration sind nach wie vor zentrale Aufgaben der Gruppe und zugleich Medium des Gespräches über all das, was an Lebensalltag, an Lebenserinnerung und Lebenserfahrung mit dem Festthema verbunden ist. Entwickelt hat sich eine feste Gruppe alter Frauen, die sich gegenseitig stützen und Anteil nehmen am Leben der einzelnen. Sie nehmen Anteil aneinander. Der Tod der Mutter einer Mitarbeiterin gibt also Anlaß, neben der

154

Festvorbereitung, über das eigene Verhältnis zur Mutter zu sprechen, auch wenn sie längst verstorben ist, und sich zu erinnern an eigene Erfahrungen vom Verlust der Mutter.

▶ Festgestaltung
Beim Fest selbst können die einzelnen unterschiedliche Rollen einnehmen: Gast sein, Akteurin sein, Helfende sein. Alte Menschen können Anteilnehmen im Stillen oder sich aktiv beteiligen beim Tanzen und Singen. Sie können sich in den Mittelpunkt stellen und ihre Fähigkeiten „unter Beweis stellen" durch den Vortrag eines selbst geschriebenen Gedichtes etwa oder durch eine Beteiligung an einem Spiel. Die Feste leben von traditionellen Elementen, die wiederkehren:
▷ Sinnanregende und Erinnerungen anregende Raumgestaltung zum Thema: großgeschriebene Gedichte zum Thema, ein Bücherstand, an dem man sich informieren und anregen lassen kann, schön dekorierte Tische und ein Essen, das einlädt, Gast zu sein,
▷ Einstimmung in das Thema des Festes durch die Sozialarbeiterin,
▷ zwei Stunden Musik und Möglichkeit von Bewegung, Gesang und Tanz,
▷ ein zentraler Programmpunkt, an dem sich auch die Menschen beteiligen können, die nicht tanzen können: Bei „Wiedersehen mit der Liebe" regte eine angeleitete Phantasie und Erinnerung zur „Liebe vorgestern, gestern und heute" dazu an, die eigene Sehnsucht und Liebesfähigkeit im Lebensganzen zu besehen,
▷ Würdigung der Geburtstage des Monates,
▷ Hinweis auf das nächste Fest und Anregungen zum Weiterspinnen der Fäden des Festes (alleine, in Gruppen),
▷ Möglichkeit, Konsument zu sein durch einen Verkaufsstand, z. B. des Kaufes von Rosen.

▶ Verständnis der Aufgaben und Rolle der Leitung
Die Leiterin versteht ihre Anfgabe darin, Identifikationen zu ermöglichen, eine Kultur zu stiften, die anknüpft an erlebte

familiäre oder soziale Verbundenheit. Sie möchte eine Tradition „sozialer Verbundenheit im Alter" entwickeln durch wiederkehrende sinnsstiftende Elemente in ihrer Arbeit. Sie versteht sich dabei als Impulsgeberin, als Garantin für Prozeßhaftigkeit, Kontakt und Anteilnahme. Hilfe zur Selbsthilfe, „Mothering", Beratung und Begleitung in Krisen und bei Ängsten stehen gleichgewichtig nebeneinander.

▶ Prozeß
Das Fest „Wiedersehen mit der Liebe" regte zu einem Prozeß im Sozialzentrum an, der getragen wurde von der Erlaubnis von Lebendigkeit, Liebesfähigkeit bzw. Liebesbedürftigkeit – auch im Alter, von eifrigem Sammeln und Genießen – nicht nur heimlich im stillen Kämmerlein. Ein Tabu wurde durchlässiger: die Auseinandersetzung mit Liebe, Einsamkeit, Wehmut und Trauer, Sehnsucht und Begierde im Alter im öffentlichen Raum einer Begegnungsstätte. Die sozialen Gespräche bei zufälligen Kontakten in der Cafeteria, mit den Mitarbeitern der Begegnungsstätte, bei den Kursen im Hause, während der Festvorbereitungszeit und nach dem Fest drehen sich oft um das Thema Liebe. Eine soziale Auseinandersetzung wird beispielsweise hörbar unter den Frauen, die sich darüber verständigen, welche Bedürfnissse, aber auch Ängste hinsichtlich später Liebe bestehen.

Auch der Kontakt zur Sozialarbeiterin ist geebnet. Es ist kein Makel, zu kommen und zu sprechen über die Trauer um den längst verstorbenen Mann oder das tiefe Berührtsein von einem Rosenstrauß am 90. Geburtstag. Höhepunkt des Festes ist eine Imagination zur „Liebe vorgestern, gestern und heute." Öffentlich erhalten die Gäste die Einladung einzutauchen in die eigenen Erinnnerungen und werden dabei zugleich ermutigt, nicht zu versinken in Melancholie und Schmerz. Die Phantasiereise geleitet durch Höhen und Tiefen des eigenen Lebenslaufes und verbindet Leid- und Glückserfahrungen eines langen Lebens. Sie endet bei der Einladung, neben dem Wunsch Geliebt zu werden, die eigenen Fähigkeiten des Gebens, des Schenkens von Liebe anzuerkennen und als Möglichkeit wahrzunehmen, die eigene Einsamkeit zu überbrücken. „Wem möchte ich gerne eine Rose schenken?" Eine Vielzahl von Rosen am Verkaufstisch gibt dann auch tatsächlich die Möglichkeit, diesen Anstoß Erfahrung werden zu lasssen

► Erfahrungen

Die Feste werden von sehr unterschiedlichen Menschen wahrgenommen. Wesentlich ist die Vielfalt von Rollen und Erlebensformen, die mit der Vorbereitung und Durchführung der Feste „erlaubt" ist: von der ehrenamtlichen Helferin, über die Frau vom Montagstreff, zur Möglichkeit sich als Kleingärtner zu treffen bei den Festen, zur Bewohnerin der Wohnanlage des Sozialzentrums, die sich wieder auf das Fest freut, bis zu den stillen Gästen, die man im Sozialzentrum immer nur bei den Festen sieht und die niemand näher kennt.

Das Fest ist wie ein Kristallisationspunkt in der Begegnungsstätte. Es läutet das Thema ein, das sich überträgt auf die Wohnanlage, den Stadtteil. Es „erregt die Gemüter" der Menschen, die im Sozialzentrum leben oder die Begegnungsstätte besuchen.

Das Fest ist zu einem wichtigen Instrument der Integration geworden: der sozialen Integration, der Öffnung nach innen, der persönlichen Integration. Das Fest regt in unverbindlicher Weise an, sich selbst und andere in der Lebensgeschichte, im Lebensganzen zu verstehen, sichtbar zu werden und verstanden zu werden. Diese Umgangsweise mit den Lebenserfahrungen alter Menschen leistet wichtige Identitätsarbeit: Wer/Was war ich? Wer/Was bin ich? Was kann ich noch entwickeln? Wer bin ich heute, und wer ist mein Gegenüber? Was habe ich gegeben und genommen im Leben – was kann ich heute geben, was (an)nehmen? Was gab mir Sinn und kann es heute noch geben? Was habe ich verloren, und was kann ich gewinnnen – im Alter?

■ Kontaktadresse

Hildegard Bradt, Leiterin der Begegnungsstätte im Sozialzentrum Marbachweg, Dörpffeldstraße 6, 60435 Frankfurt, Telefon 069/5480083

■ Literatur und Materialien
Auf Anfrage bei Hildegard Bradt

■ Resümee
Im Leben das Leben erinnern, die eigene Sinnlichkeit, Sehnsucht, Lebenslust und Liebesfähigkeit wecken, schafft eine Lebendigkeit und Verbundenheit, die auch die Schattenseite im Alter erträglich werden läßt – das Leben mit Hilfebedürftigkeit, Verlusten und Trauer, mit Ängsten und Krisen im Leben.

Biographiearbeit einer Gruppe älterer Italiener in München

▶ Institution – Arbeitsfeld – Zielgruppe
Einrichtung: Offene Altenarbeit in einem Altenzentrum des Caritasverbandes durch den Sozialdienst für Italiener.
Zielgruppe: Ältere Italiener in München.

▶ Rahmen und Hintergrund der Entstehung
Seit einigen Jahren treffen sich mehrere Bewohner Münchens jeden Dienstagnachmittag, fast alle sind Italienerinnen und Italiener im Rentenalter. Die Gruppe umfaßt 33 Senioren, wovon im Durchschnitt 16 Personen anwesend sind. Die Immigration aus Italien nach München Anfang der sechziger Jahre, das Hierbleiben (30–35 Jahre), das „Altsein" hier zu verbringen sind die Hauptmerkmale der Gruppenmitglieder. Seit Anfang 1995 finden die Treffen in einem Zentrum der offenen Arbeit für Senioren statt.
Die Initiative ist ein Angebot im Rahmen des Sozialdienstes für Ausländer und wird von einem Sozialarbeiter begleitet, der von Anfang an nach sozialtherapeutischen Ansätzen arbeitete. Neben der Arbeit mit Lebensgeschichten geht es auch um Hobbys, Kultur und auch einfach um zwanglose Treffen und Begegnungen.

▶ Motiv und Ziele

Der Werdegang und die aktuellen Lebensumstände der Teilnehmer zeigen viele Gemeinsamkeiten, und auch ähnliche Ausdrucksformen und -fähigkeiten beim Erzählen sind erkennbar. Als ein erstes unmittelbares Ziel bietet sich von daher ein bewußtes Erleben des „Wir-Gefühls" an. Die Einbettung einzelner Schicksale und persönlicher Geschichten in den Strom der größeren Geschichte mit sozialen Umwälzungen, Weltkrieg, Wechsel politischer Epochen usw. erzeugt im nachhinein Verständnis für die eigene Geschichte und diejenige anderer sowie auch eine unmittelbare solidarische Haltung anderen Gruppenmitgliedern gegenüber. Dies schafft die Grundlage für gemeinsame Aktionen und Initiativen mit dem Ziel, sich als Gruppe in das allgemeine soziale und kulturelle Leben der Stadt bzw. des eigenen Viertels und vor allem der italienischen Bevölkerung dort einzubringen.

Persönliche Ziele liegen in der Verarbeitung eines ganzen Lebens mit vielen noch offenen Fragen nach dem Warum, nach der eigenen und fremden Verantwortung, nach Verdiensten und Versäumnissen. Die Bearbeitung eigener Geschichte mit Hilfe der Gruppe ermöglicht in vielen Fällen, daß Teilnehmer ihre Lebensgeschichte niederzuschreiben beginnen, sich in Vereinen engagieren, besser mit der Verwandtschaft auskommen usw.

▶ Vorgehensweise – Arbeitsweise

Für die wöchentlichen Treffen steht ein Gruppenraum mit eigenen Gruppenschränken zur Verfügung. Gleichzeitig ist der Anschluß an das allgemeine Leben des Zentrums der offenen Arbeit mit Senioren gegeben. Die erzählten Lebensgeschichten werden durch zwei verschiedene und einander ergänzende Methoden erfaßt, eine eher systematisch-historische und eine eher sozialtherapeutische Methode:

1. An mehreren Nachmittagen werden alle Lebensepochen von jeweils zwei bis drei Personen erzählt: „Meine ersten sechs Jahre", „meine Schulzeit", „Vorbereitung zum Arbeitsleben" usw. Die Ereignisse der jeweils bedeutsamen „großen" Geschichte sind der Gruppe auf einer Schautafel gegenwärtig und werden gegebenenfalls von dem Gruppenleiter ins

Gedächtnis gerufen, um die erzählten Erfahrungen besser einzuordnen. Jeder weiß, daß auch er „drankommen" wird, wobei der Zeitpunkt natürlich selbst bestimmt werden kann – je nach Extrovertiertheit oder Bedächtigkeit. Manchmal werden diese Lebenszyklen durch mitgebrachte Fotos oder sogar Gegenstände dokumentiert (Hochzeitsfoto, Schulzeugnis).

2. Ergänzend dazu geben sozialtherapeutische Rollenspiele mehr Raum für Phantasie und Gefühle. Meist wird ein imaginärer Gegenstand in die Mitte der Runde getragen: ein Fotoalbum, eine Kiste voll Uhren, eine alte Truhe mit Erinnerungsstücken, ein Korb voll Eisenbahnzügen, Häuser, Bücher, Kleider usw. Es folgt die entsprechende Aufforderung, sich aus einer Truhe ein solches Erinnerungsstück herauszunehmen, den anderen zu „zeigen" und die damit verbundene Erinnerung bzw. Geschichte zu erzählen. In einem dritten Schritt werden Vergleiche, Assoziationen, Zustimmungen und Distanzierungen gesammelt, um schließlich über das eigene Befinden vor und nach dem Spiel nachzudenken. Auf diese Weise werden leicht Gemeinsamkeiten der Gruppe zu Tage gefördert. Aber auch Angst- und Tabuthemen und häufig sehr berührende Geschichten zu Themen, wie „meine alte Schultasche, zerschlissen und voll von Erinnerungen und Geheimnissen da in der Mitte" oder „ein Brief in der Truhe, der von einem vermißten Verwandten berichtet".

Die drei Nachmittagsstunden werden folgendermaßen eingeteilt: $1^{1}/_{2}$ Stunden Erzählungen, $^{1}/_{2}$ Stunde Informationen, Organisation, Mitteilungen, 1 Stunde gemeinsame Gespräche beim Kaffee.

Die gemeinsamen Erfahrungen und das erhöhte Gruppenbewußtsein erlaubten eine Reihe neuer Initiativen. Die bedeutendste ist das „Erzählcafé" – eine seit drei Jahren feste Einrichtung mit Familien, insgesamt ca. 60–100 Personen (ein Drittel Senioren, ein Drittel jüngere Erwachsene, ein Drittel Kinder). Zwei bis drei Senioren erzählen zu einem bestimmten Thema aus ihrem Leben: „Als ich 33 Jahre alt war und erstmals nach München kam", „Meine ersten Arbeitserfahrungen" usw. Auf diese Weise regt das Erzählcafé zum Austausch zwischen den Generationen an und ermöglicht den Jüngeren, sich mit ihren bikulturellen

Wurzeln zu befassen. Was die Diaspora des Gastarbeiterlebens sonst verwehrt, erhält im „Erzählcafé" einen würdigen Rahmen, der gleichzeitig nicht nostalgisch ist. Die Grenze zwischen Geschichte und Geschichten ist dabei naturgemäß fließend.

▶ Prozeß der Gruppe

Die Entstehung der Gruppe liegt nun schon mehrere Jahre zurück, und mehrere Mitglieder sind in ihre Heimat zurückgekehrt oder gestorben. Dennoch ist es geglückt, die Gruppe vor dem häufigen Phänomen der „Austrocknung" zu bewahren und immer wieder neue Teilnehmer zu gewinnen, die ins Rentenalter kommen. Die „Neuen" sind angenehm beeindruckt von der Gewandtheit der älteren Teilnehmer, Geschichten zu verarbeiten, Erfahrungen zu erzählen und auch von Sorgen und Problemen zu berichten. Gleichzeitig zeichnet sich die Gruppe durch Offenheit für die Geschichten der „Jüngeren" aus.

Das Durchschnittsalter der 33 Mitglieder ist derzeit 69 Jahre (der jüngste Teilnehmer ist 59, der älteste 81), es sind 17 Männer und 16 Frauen. Manchmal sind auch jüngere Verwandte als Gäste dabei, und so kommt es, daß ab und zu neben der Urgroßmutter (80) die Tochter (56), die Enkelin (29) und die Urenkelin (4) sitzen.

Der feste Zusammenhalt der Gruppe findet seinen Niederschlag in verschiedensten weiterführenden Initiativen (Erzählcafé, „Jahresseminar" von 5 Tagen, Kulturabende, 12 Tage gemeinsamer Erholungsurlaub usw.). Darüber hinaus helfen die Teilnehmer einander in Notsituationen und besuchen einander auch außerhalb der Gruppentreffen.

Natürlich beeinflussen widrige Umstände wie die Diasporasituation, kleine Renten, schlechte Gesundheit oder unbewältigte Rückkehrproblematik das Gruppenleben, aber wie in der Ehe ist es auch bei den Gruppen: Armut und widrige Umstände haben mit dem Zusammenhalt und mit der Liebe sowenig und soviel zu tun wie Erfolg und Reichtum. Diese Erkenntnis ist von der Gruppe sehr gut verinnerlicht worden, und das ist vielleicht das wichtigste Ergebnis der vielen Erzählungen und Gespräche.

■ Kontaktadresse
Gian Franco Zorzi, Dipl.-Sozialarbeiter
Caritasverband, Hirtenstraße 4
D-80335 München
Telefon: (089) 5516 93 56

■ Literatur
▶ Altwerden in der Fremde, Gian Franco Zorzi (1990, unveröffentlichtes Manuskript)

■ Resümee
Die Bearbeitung eigener Lebensgeschichte eröffnet neue Möglichkeiten, eigene Kompetenzen einzusetzen. Dies festigt die Gruppe, fördert die Kontakte zwischen Jung und Alt und bringt generell neue Bekanntschaften mit sich. Gerade in der Diasporasituation einer Minderheit ist die Verarbeitung der eigenen und der gemeinsamen Lebensgeschichten und Erfahrungen wichtig. Wer sich einläßt, kann Isolation und Resignation besser bekämpfen und anderen sogar Wegweiser sein.

Geschichte und Geschichten im Theater

Eine intergenerative Gruppe nutzt Schauspiel und Improvisation als Möglichkeit, sich mit der eigenen Biographie auseinanderzusetzen.

▶ Institution – Arbeitsfeld – Zielgruppe
Einrichtung: Nachbarschaftsheim Urbanstraße e.V., Theatergruppe IKARUS
Zielgruppe: BürgerInnen des Stadtteils, Jung bis Alt

▶ Rahmen und Hintergrund der Entstehung
Das Nachbarschaftsheim Urbanstraße e.V. ist ein sozialkulturelles Zentrum, das stadtteil- und nachbarschaftsorientiert arbeitet. Das Haus wird von allen Bevölkerungsgruppen besucht,

162

BürgerInnen unterschiedlichen Alters, sozialer Herkunft und Bildung gehen hier ihren ganz persönlichen Interessen nach. Es gibt die klassische Kinder-, Jugend- und Altenarbeit, neben Sonderprojekten zu unterschiedlichen Arbeitsansätzen. Grundsätzlich nutzen viele andere Besucher das Haus, um sich zu treffen, auszutauschen, Kurse zu besuchen oder etwas für Gesundheit und Entspannung zu tun. Das heißt Jung und Alt begegnen sich ständig in diesem Haus, haben aber nicht unbedingt etwas miteinander zu tun.

1986 erhielt das Nachbarschaftsheim eine Projektförderung zum Aufbau modellhafter generationsübergreifender Nachbarschaftsarbeit, die insbesondere das Erfahrungswissen älterer Menschen berücksichtigen sollte. Es entstanden Gruppen- und Einzelaktivitäten unterschiedlichster Art, darunter auch eine Geschichtswerkstatt und die Theatergruppe IKARUS. Das Projekt war in der Altenarbeit angesiedelt und sollte diesen Bereich stärker für alle Altersgruppen öffnen. Ein besonderes Interesse galt den sogenannten „jungen Alten", für die es keine adäquaten Freizeitangebote gab und die sich in den traditionellen Altentagesstätten nicht aufgehoben fühlen.

▶ Motive und Ziele
Um Brücken zwischen den Generationen zu bauen, ist es wichtig, nach gemeinsamen Nützlichkeiten zu suchen und gegenseitiges Interesse zu wecken. Da in unserer Gesellschaft ein defizitäres Altersbild vorherrscht, ist in der Freizeitgestaltung jüngerer Menschen oft kein Platz für die „armen, schwachen, gebrechlichen Alten". Theater hat aber für Jung wie Alt etwas mit Spaß und Freude zu tun. Einen zusätzlichen positiven Aspekt bringt die Verbindung aus Biographie- und Theaterarbeit. Das Einbringen persönlicher Erfahrungen ermöglicht geschichtliche Themen lebendig aufzubereiten. Hier ist besonders das Wissen und die Erfahrung der Älteren gefragt. Alte Menschen haben viele Erfahrungen und Erlebnisse, die auch für andere interessant sein können, und sie sind Zeugen für bestimmte, nicht wiederholbare Zeitabschnitte. Dieses weckt auch bei jüngeren Menschen, die diese Zeiten nicht erlebt haben, Interesse. Doch auch junge Menschen haben eine Biographie,

und auch ihre Erfahrungen sind interessant. Für eine intergenerative Gruppe bedeutet dies eine besondere Form der Auseinandersetzung. In nichterlebte Zeiten müssen sich die Jüngeren einfühlen. Spätere Zeiten allerdings erlauben sehr unterschiedliche Erfahrungsperspektiven auf ein und denselben Zeitabschnitt. Hier kann es zu der umgekehrten Erscheinung kommen, daß sich die Älteren mit dem Lebensgefühl der Jüngeren auseinandersetzen oder sich darin einfühlen müssen. Das fördert Toleranz, Abbau von Ängsten und setzt einen Dialog in Gang.

Theaterspielen, die Präsentation auf der Bühne und der Dialog mit dem Publikum stärken Persönlichkeit und Selbstbewußtsein der einzelnen SpielerInnen.

▶ Vorgehensweise
▷ Ankündigung
Das Projekt wurde im Stadtteil über Handzettel, Zeitungsartikel und Anzeigen bekanntgemacht. Zunächst wurden nur ältere MitspielerInnen in die Gruppe aufgenommen. Theater war für sie ein neues Medium, und die gleiche Altersgruppe bot mehr Sicherheit. Die Mischung Jung/Alt wurde behutsam vorgenommen. Nach der ersten Eigenproduktion über die dreißiger Jahre wollten die Älteren sich mit den ersten Nachkriegsjahren beschäftigen. Das war der Zeitpunkt, um nach jüngeren MitspielerInnen zu suchen. Auf eine Anzeigenaktion meldeten sich viele junge Leute. Auswahlkriterien für die Aufnahme waren Interesse an dem bereits gewählten Thema Trümmerfrauen und die Lust, gemeinsam mit alten Menschen Theater zu spielen.
▷ Arbeitsweise
Die Gruppe trifft sich jeden Freitag im Nachbarschaftsheim, wo ihnen ein großer Probenraum zur Verfügung steht. Zusätzlich gibt es mehrmals im Jahr intensive Wochenendseminare. Die Theaterform ist Improvisationstheater, Auswendiglernen ist nicht erforderlich. Ein roter Handlungsfaden dient den SpielerInnen zur Orientierung. Alle Stücke sind Eigenproduktionen und werden über einen längeren Zeitraum in verschiedenen Einrichtungen, Kulturhäusern oder kleinen Theatern, aufgeführt.

Wichtigstes Element der Erarbeitung sind Methoden der Improvisation. Sie erfordern und fördern Offenheit und Kontakt. Alle Akteure müssen in der Improvisation „zusammenspielen", eine Spielregel, die auch für die Dynamik des Austausches zwischen Jung und Alt weitreichende Konsequenzen hat.

Am Anfang eines jeden Übungstages steht ein Aufwärmtraining. Es beinhaltet Bewegung, Entspannung sowie Stimm- und Körperübungen. Es sind Übungen, die locker machen, die Phantasie anregen und Spontanität fördern. Ein wesentlicher Teil der Theaterarbeit ist Erinnerungsarbeit und dient der Stückentwicklung. Dabei werden biographische Methoden angewandt, um den SpielerInnen die Möglichkeit zu geben, sich mitzuteilen. Aus persönlichen Erinnerungen werden szenische Improvisationen entwickelt. Für das Improvisationstheater ist es besonders wichtig, daß alle die Atmosphäre der gespielten Zeit verstehen. Demzufolge befassen sich viele der ersten Improvisationen und Übungen mit dem Wiederbeleben der Zeit. In einem zweiten Schritt müssen Figuren und Handlungen der Szenen erarbeitet werden. Hier muß nach prägnanten und die jeweilige Zeit widerspiegelnden Alltagssituationen gesucht werden. Dabei vermischen sich persönliche Erfahrungen und in der Improvisation gefundene Ideen zur dramatischen Szene. In einem dritten Schritt entsteht ein Stück, in dessen Mittelpunkt nicht die chronologische Darstellung der „großen Geschichte" steht, sondern unsere heutige Stellung zu ihr.

▶ Verständnis der Aufgaben und Rolle der Leitung
Die Zusammenarbeit von Theaterpädagoge und Sozialpädagogin hat sich beim Aufbau und in der Begleitung der Gruppe sehr bewährt. Einerseits ist eine kompetente Theater- und Regiearbeit notwendig, sie steht im Zentrum der Begegnung. Sie ist nicht nur in Hinsicht auf die Präsentation wichtig, sondern alle Gruppenmitglieder wollen auch die Herausforderung durch die Theaterarbeit. Andererseits muß dieser intensive Prozeß auch auf der Ebene der Gruppendynamik unterstützt werden. Die Generationen haben viel unbearbeiteten Konfliktstoff. Annäherung, Austausch und Auseinandersetzung sind ein langwieriger

und nie abgeschlossener Prozeß. Durch die sehr intensive emotionale Theater- und Erinnerungsarbeit werden auch persönliche Probleme und nicht verarbeitete Lebensereignisse wachgerufen. In solchen Fällen muß unbedingt Rat und Hilfe geleistet werden. Das wird von Jung bis Alt gleichermaßen in Anspruch genommen. Des weiteren kommt es bei einer solchen altersgemischten Gruppe immer wieder zu Umbruchphasen. Die jüngeren Mitglieder verändern sich in ihrer Lebenssituation und scheiden aus. Die Älteren sind zwar konstante Partner, erfahren aber auch, bedingt durch ihr teilweise sehr hohes Lebensalter, ihre physischen Grenzen. Dadurch ergeben sich schwierige Situationen, die einer besonderen Begleitung und Beratung bedürfen, um die Gemeinsamkeit und das gemeinsame Tun zu erhalten.

▶ Prozeß der Gruppe
Es dauerte einige Monate, bis sich eine feste Gruppe gebildet hatte. Viele waren interessiert, wollten Theater spielen, aber die geforderte Verbindlichkeit und kontinuierliche Mitarbeit wollten oder konnten sie oft nicht erfüllen. Das war eine sehr schwierige und unruhige Zeit mit einer starken Fluktuation. Erst nach der Erfahrung einer erfolgreichen und vom Publikum angenommenen Eigenproduktion kam mehr Kontinuität und Beständigkeit in die Gruppe.

Die Dynamik ist nach wie vor sehr lebendig. Inzwischen ist jedes Jahrzehnt bei IKARUS vertreten. Aber nach jeder Produktion scheiden auch Mitglieder aus. Das sind vor allem die Jüngeren. Die Älteren leiden darunter, Veränderung wird nur langsam und mit Widerstand ertragen. Die Enkelin aus dem Stück ist auch außerhalb des Theaters die Enkelin, ein Besitzstandsrecht, das verteidigt wird. Es entsteht quasi eine Theatergruppenfamilie.

Es prallen viele Gegensätze aufeinander, Alt und Jung, sehr verschiedene Lebensstile und Lebenssituationen. Die Dynamik ändert sich mit jedem neuen Mitglied. Auch das Miteinander-Umgehen ist oft ein schmerzlicher Prozeß und erfordert immer wieder Einsatz und Wachsamkeit der Gruppenleitung, um den Gruppenzusammenhalt zu garantieren.

Die Wichtigkeit der Gruppe hat für die Generationen einen unterschiedlichen Stellenwert. Für die Älteren ist sie oft Familienersatz, für die Jüngeren ist sie eher Freizeitgestaltung, Weiterbildung und Selbsterfahrung.

▶ Erfahrungen

Die Lebenserfahrungen und die ganz persönliche Geschichte fließen sehr stark in die Entwicklung eines Theaterstückes ein. Im Laufe der Proben wird dann immer deutlicher, daß aus der eigenen Geschichte eine Rolle wird. Der Weg dahin ist schwierig und manchmal auch langwierig. Die Spieler müssen ihre eigenen Gefühle einbringen, sich auseinandersetzen, ihre Standpunkte überprüfen und mit der Veränderung ihrer Gefühle umgehen. Dies führt häufig zu Auseinandersetzungen in der Gruppe sowie zu Übertragungen in den privaten Lebensbereich.

Interessant war, daß die Annäherung der unterschiedlichen Generationen am besten gelang, wenn Erfahrungen über offene Themenstellungen erfragt wurden, wie: „Wann war die schönste Zeit in Deinem Leben?" oder „Was waren Wendepunkte in Deinem Leben?" Diese Offenheit brachte gruppendynamische Entwicklungen, und es entstand ein intensives Verständnis füreinander und für die unterschiedlichen Lebenssituationen. Diese Fragestellungen erreichten, daß alle unabhängig vom Lebensalter versuchten, sich empathisch in den Blickwinkel einzelner einzufühlen. Damit wurde ein Austausch in beide Richtungen möglich. Ebenso zeigt die Erfahrung, daß alle Teilnehmer sich im Laufe der Arbeit freier ins Spiel einbrachten, wesentlich mehr Vertrauen in persönliche Fähigkeiten und Selbstsicherheit zeigten, ganz unabhängig vom Alter.

■ Kontaktadresse
Ingrid v. Massenbach, Sozialpädagogin
Jens Clausen, Theaterpädagoge
Nachbarschaftsheim Urbanstraße e.V.
Urbanstraße 21
10961 Berlin

■ Resümee

Bei IKARUS spielen und arbeiten Menschen unterschiedlichsten Alters, sozialer Herkunft und Bildung. Die gewählte Form des Improvisationstheaters läßt solche Unterschiede zu, überbrückt sie und führt zu einer sehr lebensnahen Spielweise. Da der Text nicht fixiert ist, sondern in jeder Aufführung improvisiert werden muß, präsentieren sich die selbstentwickelten Stücke nicht literarisch oder intellektuell. Vielmehr entsteht erfrischendes Alltagstheater, nah am Zuschauer, das durch die auf der Bühne präsenten Persönlichkeiten und durch die natürliche Atmosphäre der Stücke wirkt.

Die lebhafte Diskussion und die Resonanz auf die Eigenproduktionen von IKARUS zeigen deutlich, daß die Stücke auch für unterschiedliche Zuschauergruppen einen unterhaltsamen und anregenden Theaterabend bieten.

Sie verbinden durch ihre geschichtlichen Rückblicke auf verschiedene Zeitabschnitte die Erfahrungen verschiedener Generationen und vermögen dadurch, unterschiedliche Erinnerungen wachzurufen. So fällt auf, daß die Sympathien zu bestimmten Szenen auch an die jeweilige Generation des Betrachters gebunden sind. Die Stücke bieten in einem unterhaltsamen Rahmen die Möglichkeit, Alltagsgeschichte wieder in Erinnerung und in die Diskussion zu bringen und regen gleichzeitig das Gespräch zwischen unterschiedlichen Generationen an.

Aus Gesprächen mit dem Publikum und Eintragungen im Gästebuch war zu entnehmen, daß durch das Spiel auf der Bühne Erinnerungen an eigene Erlebnisse mit Großeltern oder Verwandten wiederbelebt werden. Die lebendige Gemeinsamkeit zwischen Jung und Alt und die spürbar herzliche Atmosphäre zwischen den Generationen wirkten anregend, auch über eigene positive Erfahrungen und Sehnsüchte zu sprechen. So finden sich oft sehr junge ZuschauerInnen in der Nähe der ältesten SpielerInnen wieder, und diese Kontakte scheinen beide Seiten zu genießen.

Seniorenseminar „Wohnen in Magdeburg"

▶ Institution – Arbeitsfeld – Zielgruppe
Einrichtung: Sozialamt der Landeshauptstadt Magdeburg,
Abteilung Altenhilfe
Zielgruppe: Senioren der Stadt Magdeburg

▶ Rahmen und Hintergrund der Entstehung
Das Seminar wurde durchgeführt als Bestandteil des Weiterbildungsangebotes „Studieren ab 50" an der Otto-von-Guericke-
Universität Magdeburg. Das Weiterbildungsprogramm bietet
Senioren und Vorruheständlern die kostenlose Möglichkeit
geistiger Betätigung durch Teilnahme sowohl an regulären
Vorlesungen als auch an speziellen Seminarangeboten.
Dieses Seminar war autobiographisch angelegt. Ausgehend
von dem Bestreben älterer Menschen, ihr Leben aus der Sicht des
Alters neu zu ordnen und neu zu bewerten, wollte das Seminar
Hilfestellung bei der eigenen Aufarbeitung geben.

▶ Motive und Ziele
Das Seminar wurde von Diplomkulturwissenschaftlerin *Annegret Werthmann* initiiert und durchgeführt. Unterstützt wurde
sie dabei von ihrer Kollegin *Marita Bärwald*. Das Ziel bestand in
der Erforschung von Alltags- und Freizeitgewohnheiten unter
den Bedingungen des Wohnens im Mietshaus. Der zeitliche
Bogen spannte sich von den dreißiger Jahren bis in die siebziger
Jahre. Im Mittelpunkt standen ausgewählte, konkrete Situationen außerhalb der Arbeitswelt, immer wieder ausgehend von
der Wohnungssituation. In Magdeburg sind durch die totale
Zerstörung der Innenstadt am 16.1.1945 viele kulturgeschichtliche Elemente radikal verlorengegangen. Diese sollten durch
das Erinnern der Teilnehmer artikuliert werden. Weitere Ziele
sind die Erstellung einer Broschüre nach Abschluß des Seminars
sowie eine Studienfahrt nach Wien zu Vergleichszwecken.
Die Motive der Teilnehmer waren unterschiedlich. Größtenteils waren auch sie an der Darstellung und Aufarbeitung ihrer
eigenen Erinnerungen interessiert. Mehreren Teilnehmern ging

es aber auch um erzählte Stadtgeschichte in Ergänzung ihres eigenen Wissens.

▶ Vorgehensweise
▷ Ankündigung: Die Universität gibt halbjährlich einen kleinen Katalog mit ihren Weiterbildungsangeboten heraus. Darüber hinaus wurde das Seminarangebot an die Seniorenbegegnungsstätten verschickt, und es erfolgte eine konzeptionelle Darstellung durch ein Radio-Interview beim Mitteldeutschen Rundfunk.
▷ Arbeitsweise: Das Seminar fand 14tägig mittwochs von 14.00 bis 16.00 Uhr im Seminargebäude der Universität statt. Dabei wurde bewußt ein Raum gewählt, der eine Kreisbestuhlung hat, so daß sich alle Anwesenden mühelos ansehen konnten. Das Seminar wurde möglichst konkret gegliedert, um „schwammige" Darstellungen zu verhindern. Themen waren z. B. Die große Wäsche; Kinderspiele und Spielorte; Technischer Fortschritt im Haushalt; Wohnen nach der Ausbombung. Alle Seminare wurden mit Zustimmung der Teilnehmer mitgeschnitten und anschließend abgeschrieben, um eine Veröffentlichung zu ermöglichen.

▶ Verständnis der Aufgaben und Rolle der Leitung
Die Leiterin der Gruppe war primär Zuhörerin und Adressatin des Erzählten. Unter Ausnutzung eigener kulturhistorischer Kenntnisse stellte sie gelegentlich Zusatzfragen. Oberstes Prinzip war es dabei, den Erzählenden nicht zu bedrängen und niemals moralisch zu werten. Sie achtete darauf, daß das Thema nicht zu weit verlassen wurde und daß das Erzählen und Vergleichen nicht umschlug in allgemeinplazierte Bewertungen heutiger Situationen. („Die Jugendlichen heute haben doch gar kein Interesse mehr.")

▶ Prozeß der Gruppe
Zum ersten Seminar kamen 22 Teilnehmer. Einige davon hatten aber eine Vorlesungsreihe erwartet (trotz inhaltlicher Erklärungen in der Ankündigung). Einige, die erst Anfang 50 waren, fühlten sich zu jung, um mitreden zu können, obwohl die

Leiterin darauf hinwies, daß das Seminar chronologisch fort-
schreitet und bis in die siebziger Jahre geht. Eine Frau verab-
schiedete sich mit den Worten: „Das ist ja hier eine Märchen-
stunde." Es blieben 12 Teilnehmer, davon 6 Männer. Der jüngste
Teilnehmer war 57, der älteste 78. Bei der ersten Vorstellung
sollte jeder sagen, aus welchem Stadtteil er kommt. Dabei
stellten mehrere erfreut fest, daß sie aus Magdeburg-Neustadt
stammen. Damit war bereits das erste Eis gebrochen.
Die Gruppe setzte sich aus sehr unterschiedlichen Charakte-
ren zusammen. Neben einigen besonnenen, sachlichen Typen
gab es zwei sehr spontane Teilnehmer, die öfter dazwischen
sprachen. Ein Teilnehmer wurde ungeduldig, wenn er nicht zu
denen gehörte, die am Anfang sprachen. Dadurch entstanden
Spannungsfelder, die das Gespräch gleichzeitig belebten. Die
Teilnehmer konnten sich sehr bald gegenseitig gut einschätzen,
und im Verlauf des Seminars entstand ein allgemeines Vertrauensverhältnis. Das führte dazu, daß eine Teilnehmerin ihr
Tagebuch mitbrachte, welches sie in den Tagen der Übergabe
Magdeburgs an die Alliierten geschrieben hatte, und vorlas.
Eine andere Teilnehmerin hat zum späteren Zeitpunkt ihr sehr
turbulentes Leben, wie sie es in den fünfziger Jahren erlebte,
aufgeschrieben und vorgelesen. Der Wunsch nach Verarbeitung
eigener Erlebnisse wurde besonders an zwei Stellen deutlich:
Anläßlich des 50. Jahrestages der Zerstörung Magdeburgs fand
im Museum eine Ausstellung statt, die auf Wunsch der Semi-
narteilnehmer gemeinsam besucht wurde. Weiterhin wurde
ebenfalls auf Wunsch der Teilnehmer über ihre Erlebnisse am
17. 6. 53 gesprochen, obwohl das nicht zum eigentlichen Thema
gehörte und ursprünglich nicht eingeplant war.

▶ Erfahrungen

Das Vorgehen konkreter Themenstellungen mit jeweils vorher
schriftlich fixierten Fragestellungen ermöglichte es den Teilnehmern, ihre Gedanken vorher zu ordnen. Vielfach kam es zu
kollektiven Erinnerungen durch das Gesagte eines einzelnen.
(„Ja, Bleyle-Hose, mußte ich auch immer sonntags anziehen, die
hat so gekratzt.") Gelegentlich wurde sogar gemeinsam der Text
eines Gassenhauers zusammengetragen.

Das Vertrauensverhältnis entstand gerade dadurch, daß niemand gedrängt wurde, sein Intimstes preiszugeben, und daß keinerlei moralische Wertung vorgenommen wurde.

Wichtig war, daß die Leiterin sich vor den Treffen über die jeweiligen Zeitumstände informiert hatte und daß auch Konfliktthemen durch den erwähnten Museumsbesuch, durch einmalige Teilnahme eines Geschichtsprofessors, durch eine Lichtbilderfolge mit Aufnahmen vom alten Magdeburg und durch eine Kramstunde, bei der alle Teilnehmer Fotos, Urkunden, Münzen und andere Sachzeugen mitbrachten.

■ Kontaktadresse
Frau *Annegret Werthmann*, Am Spionskopf 14, D-39122 Magdeburg.

■ Literatur
Seminarbroschüre (unveröffentlichtes Manuskript)

■ Resümee
Das Projekt verstand sich als kulturelle Initiative für Menschen, die in Pension oder „Vorruhestand" sind, und sich neu orientieren wollen bzw. auch müssen. Das Seminar zum Thema „Wohnen in Magdeburg" hat gezeigt, daß der Zugang über die Biographie einen Anstoß für neue Aktivitäten geben kann. Weitere Veranstaltungen dieser Art sind daher in Planung.

Zitierte Literatur

Dieter Baacke/Theodor Schulze (Hrsg.), Aus Geschichten lernen. Zur Einübung pädagogischen Verstehens (München 1979)

Djuna Barnes: Ladies Almanach. Verfaßt und illustriert von einer Lady of fashion. (Berlin 1985)

Ulrich Beck, Risikogesellschaft. Auf dem Weg in eine andere Moderne (Frankfurt/M. 1986)

Heinz Blaumeiser, Eva Blimlinger, Ela Hornung, Margit Sturm, Elisabeth Wappelshammer: Ottakringer Lesebuch. Was hab' ich denn schon zu erzählen ... Lebensgeschichten. (Wien, Köln, Graz 1988)

Eva Blimlinger, Margit Sturm, Politikrelevante Ideologeme einer Wiener Arbeitergeneration, in: Zeitgeschichte (Hrsg. von Univ.-Prof. Dr. Erika Weinzierl, Institut für Zeitgeschichte der Universität Wien) (März/April 1992 Heft 3/4 19. Jahr.)

Peter Borscheid, Geschichte des Alters. 16. – 17. Jahrhundert (Münster 1987)

Joachim Heinrich Campe, Sittenbüchlein für Kinder aus gesitteten Ständen (Dessau 1777)

Pierre Chaunu, Der Sohn einer Toten, in: Leben mit der Geschichte. Vier Selbstbeschreibungen (Frankfurt/M. 1989)

Harvey Cox, Das Fest der Narren – Das Gelächter ist der Hoffnung letzte Waffe, Stuttgart 1970

Andrea von Dülmen (Hrsg.) Frauen. Ein historisches Lesebuch (München 1989)

Josef Ehmer, Sozialgeschichte des Alters (Frankfurt 1990)

Fuhlenbrock – Stadtteil im Wandel. Projekte der Evangelischen Kirchengemeinde Bottrop – Fuhlenbrock (Berlin 1989)

Eduardo Galeano, Die Geschichte vom brennenden Stein (Wuppertal 1983)

Gerd Göckenjan und *Hans-Joachim von Kondratowitz* (Hrsg.), Alter und Alltag (Frankfurt am Main 1990)

Johann Wolfgang Goethe, Aus meinem Leben. Dichtung und Wahrheit. Erster Teil (Leipzig o.J.)

Konrad Hummel, Krieg am Ende des Lebens? Skeptische Fragen zur Entwicklung der Altenhilfe, Postulate. In: Altenhilfe auf der Suche nach Visionen. Dokumentation der Sonderveranstaltung „Podium 90" vom 2.–4. Mai 1990 in Frankfurt/Main, Fort- und Weiterbildung im Deutschen Verein Arbeitsschwerpunkt Altenhilfe (Frankfurt 1991)

Arthur Imhof, Die verlorenen Welten. Alltagsbewältigung durch unsere Vorfahren – und weshalb wir uns heute so schwer damit tun ... (München, 1985, 2. Auflage)

Ilona Kickbusch und *Barbara Riedmüller* (Hrsg.), Die armen Frauen: Frauen und Sozialpolitik (Frankfurt am Main 1984)

Michael Mitterauer, Peter Paul Kloss (Hrsg.). Damit es nicht verlorengeht ..., rund 30 Bände bisher erschienen: Im speziellen: Maria Gremel: Mit neun Jahren im Dienst. Mein Leben im Stübl und am Bauernhof (Wien, Köln Graz 1983)

Carl Phillipp Moritz, Anton Reiser (Frankfurt 1979)

Sten Nadolny, Die Entdeckung der Langsamkeit (München 1990)

Sten Nadolny, Selim oder die Gabe der Rede (1990)

Lutz Niethammer, Lebenserfahrung und kollektives Gedächtnis (Frankfurt/M. 1985)

Friedrich Nietzsche, Vom Nutzen und Nachteil der Historie für das Leben (Stuttgart 1988)

Dieter Nittel: Report: Biographieforschung. Pädagogische Arbeitsstelle. Deutscher Volkshochschul-Verband (Bonn 1991)

Ulrich Plenzdorf, Die Legende von Paul und Paula (Berlin 1974)

Adelheid Popp: Die Jugendgeschichte einer Arbeiterin, von ihr selbst erzählt (Berlin, Bonn 1983)

Marcel Proust, Auf der Suche nach der verlorenen Zeit (Frankfurt)

Siegfried Quandt/Hans Süssmuth (Hrsg.), Historisches Erzählen (Göttingen 1982)

Ulrich Raulff, Träge Ströme der Geschichte. Die „Annales" E.S.C.C.: Eine andere Art der Historiographie, in: Freibeuter 17 (1983)

Uwe Schimank, Funktionale Differenzierung und reflexiver Subjektivismus. Zum Entsprechungsverhältnis von Gesellschaft- und Identitätsform, in: Soziale Welt 1985, S. 447–465.

Richard Sennet, Verfall und Ende des öffentlichen Lebens. Die Tyrannei der Intimität (New York 1974, Frankfurt am Main 1990)

Peter Sichrovsky, Kinder aus Nazifamilien (Köln 1987)

Peter Sloterdijk, Literatur und Lebenserfahrung. Autobiographien der Zwanziger Jahre (München 1978)

Fulbert Steffensky, Wo der Glaube wohnen kann (Stuttgart 1989)

Elisabeth Wappelshammer/Theresia Weber, Auch Lebensgeschichte ist Geschichte. Ein Leitfaden für autobiographisches Erzählen und Schreiben (Wien 1987)

Weiterführende Literatur

Thea Bauriedl, Das Leben riskieren – Psychoanalytische Perspektiven politischen Widerstands (München 1988)

Berliner Geschichtswerkstatt, Projekt: Spurensicherung, (Berlin 1983)

Heinz Bütler, Was geht mich der Frühling an (1989)

Deutscher Werkbund e.V. und Württembergischer Kunstverein (Hrsg.), Schock und Schöpfung. Jugendästhetik im 20. Jahrhundert (Stuttgart 1986)

Wolfgang Emmerich (Hrsg.), Proletarische Lebensläufe, Autobiographische Dokumente zur Entstehung der Zweiten Kultur in Deutschland, Band 1: Anfänge bis 1914, Band 2: 1914 – 1945 (Reinbek 1976)

Hans Magnus Enzensberger, Der Weg ins Freie, Fünf Lebensläufe (Frankfurt 1987)

Heide Gerstenberger und *Dorothea Schmidt* (Hrsg.), Normalität oder Normalisierung – Geschichtswerkstätten und Faschismusanalyse (Münster 1987)

A. Gestrich/P. Knoch/H. Merkel (Hrsg.), Biographie – sozialgeschichtlich. Göttingen 1988

Barbara Heimansberg, Christoph J. Schmidt, Das kollektive Schweigen, Nazivergangenheit und gebrochene Identität in der Psychotherapie (Heidelberg 1988)

Hilmar Hofmann (Hrsg.), Jugendwahn und Altersangst (Frankfurt am Main 1988)

Cornelia Julius, Von feinen und von kleinen Leuten – Alltagsgeschichte in Lebensberichten aus den Jahren 1918 – 1931 (Weinheim und Basel 1983)

Jürgen Kinter, Manfred Koch, Dieter Thiele, Spuren suchen – Leitfaden zur Erkundung der eigenen Geschichte (Hamburg 1985)

Ursula Koch-Straube, Die Zukunft des Alters ist das Leben (Darmstadt 1988)

Michael Mitterauer, Sozialgeschichte der Jugend (Frankfurt am Main 1986)

Michael Mitterauer/Peter Paul Kloß (Hrsg.), Damit es nicht verlorengeht ... Eine Reihe mit autobiographischen Zeugnissen verschiedener Generationen und Milieus (Wien-Köln 1983)

Hilarion Petzold (Hrsg.) Mit alten Menschen arbeiten, Bildungsarbeit, Psychotherapie, Soziotherapie (München 1984)

Michael Pollak, Die Grenzen des Sagbaren. Lebensgeschichten von KZ-Überlebenden als Augenzeugenberichte und als Identitätsarbeit (= Ludwig-Boltzmann-Institut für Historische Sozialwissenschaft: Studien zur Historischen Sozialwissenschaft Bd. 12 (Frankfurt am Main 1988)

Ulf Preuss-Lausitz, u.a., Kriegskinder, Konsumkinder, Krisenkinder. Zur Sozialisationsgeschichte seit dem Zweiten Weltkrieg (Weinheim und Basel 1991)

Heidi Rosenbaum, Formen der Familie. Untersuchungen zum Zusammenhang von Familienverhältnissen, Sozialstruktur und sozialem Wandel in der deutschen Gesellschaft des 19. Jahrhunderts (Frankfurt am Main 1982)

Christel Schachtner, Störfall Alter – für ein Recht auf Eigen-Sinn (Frankfurt am Main 1988)

Reinhard Sieder, Sozialgeschichte der Familie (Frankfurt am Main 1987)

Elisabeth Wappelshammer, Theresia Weber, Auch Lebensgeschichte ist Geschichte (Wien 1985)

Werkkreis Literatur der Arbeitswelt, Der rote Großvater erzählt (Frankfurt am Main 1977)

Kurzbiographie der Autorinnen

Eva Blimlinger, geb. 1961 in Wien, Studium der Germanistik und Geschichte. Seit 1982 vor allem in sozialwissenschaftlichen, erwachsenenbildnerischen und feministischen Projekten freiberuflich tätig. Videos zur Alltagsgeschichte, inhaltliche und organisatorische Mitarbeit bei historischen Ausstellungen, journalistische Tätigkeit und Publikationen zu verschiedenen Themen. (Seit 1992 gemeinsam mit Heinz Blaumeiser Projekt des Bundesministeriums für Wissenschaft und Forschung „Weihnachten als soziale Zeit – Gesellschaftsdynamik und Festkultur").

Angelika Ertl, geb. 1957 in Stuttgart, Studium der Soziologie, Psychologie und Politologie; Diplomsoziologin. Fünfjährige Tätigkeit als ungelernte Pflegekraft in Pflegeheim und Sozialstation; Mitarbeit an einem Projekt „Alltag und Politik von Frauen im Nationalsozialismus" der Berliner Geschichtswerkstatt. Seit 1988 Referentin für Fort- und Weiterbildung in der Altenarbeit.

Ursula Koch-Straube, geb. 1944; Studium der Pädagogik, Psychologie und Soziologie; Diplompädagogin und Supervisorin. Seit vielen Jahren in der Fort- und Weiterbildung von MitarbeiterInnen der Altenarbeit tätig, Supervision und Organisationsberatung; Veröffentlichungen im Bereich Soziale Gerontologie, Forschungsprojekt im Pflegeheim.

Elisabeth Wappelshammer, geb. 1953 in Wien, Kindergärtnerin und Erzieherin; Studium der Geschichte, Deutscher Philologie und Philosophie in Wien und Köln, Magister. Fortbildungen für MitarbeiterInnen sozialer Berufe; Lehrbeauftragte für Geschichte und Erwachsenenbildung; Assistentin am Institut für interdisziplinäre Forschung und Fortbildung in Wien; sozialwissenschaftliche Projekte und Publikationen.